AUGUSTE PRIEUR

Torts et Manies

CONVENTIONS SOCIALES ET MONDAINES
QUESTIONS DE MORALE
LES FEMMES, L'AMOUR, LE MARIAGE
ÉDUCATION, HYGIÈNE, ADMINISTRATION, POLITIQUE

> Le mal des gens d'esprit, c'est leur indifférence.
> Celui des gens de cœur, leur inutilité.
>
> MUSSET

PARIS
JOUVE & Cie, ÉDITEURS
15, RUE RACINE, 15

Torts et Manies

AUGUSTE PRIEUR

orts et Manies

CONVENTIONS SOCIALES ET MONDAINES
QUESTIONS DE MORALE
LES FEMMES, L'AMOUR, LE MARIAGE
ÉDUCATION, HYGIÈNE, ADMINISTRATION, POLITIQUE

Le mal des gens d'esprit, c'est leur indifférence.
Celui des gens de cœur, leur inutilité.

MUSSET

PARIS
JOUVE & Cie, ÉDITEURS
15, RUE RACINE, 15

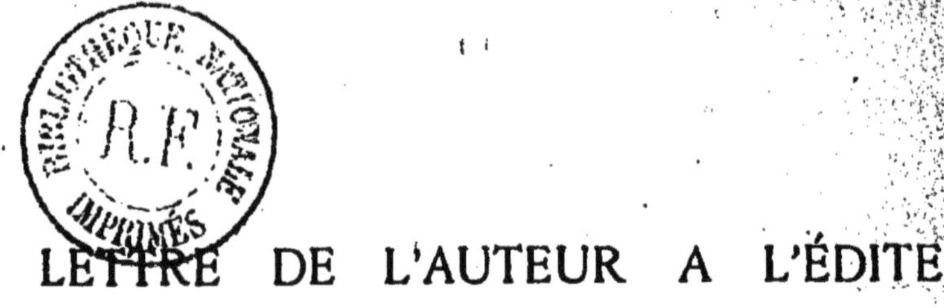

LETTRE DE L'AUTEUR A L'ÉDITEUR

Paris, octobre 1914.

Cher Monsieur Jouve,

La guerre, par sa soudaineté, a jeté partout le trouble. De grands, de graves, de douloureux préjudices ont été causés.

Devant tant de calamités, j'aurais mauvaise grâce à me plaindre, au sujet du retard apporté dans la publication de Torts et Manies, *que vous deviez faire paraître fin juillet dernier.*

Nous attendrons donc maintenant, si vous le voulez bien, que les événements le permettent, pour livrer au public, ces pages, qui sont loin de constituer un livre d'actualité.

Je ne puis y faire de retouches ; certains passages pourtant mériteraient d'être modifiés ou même supprimés : une trop grande sévérité atteignant peut-être aujourd'hui ou des faits, ou des personnes, vis-à-vis desquels les circonstances demanderaient un peu d'indulgence.

Après la crise que le pays traverse, on peut escompter quelques modifications dans la mentalité en général, mais supposer une amélioration totale, une transformation, un revirement complet, serait illusoire, je crois.

L'humanité méritera toujours ce que Destouches en a dit :

Chassez le naturel, il revient au galop.

Il semble donc hélas vraisemblable, qu'après la tempête, les torts et les travers que j'ai pris à partie, voudront reconquérir tous leurs droits ; alors Torts et Manies, *redeviendra une critique non pas toujours équitable et juste, mais sincère et, en certains cas, trop atténuée.*

PRIBUR

CONVENTIONS SOCIALES
ET MONDAINES

QUESTIONS DE MORALE

BALLADE-PRÉFACE

Je le sais bien, aujourd'hui quoiqu'on dise,
Sur ses défauts on veut fermer les yeux;
Les avouer! mais ce n'est plus de mise,
C'est outrageant, on aime beaucoup mieux
Se pavaner, promener en tous lieux,
Ou son mépris ou son indifférence;
Car à quoi bon vaincre son indolence,
Et dans quel but, plaire à l'humanité?
Chacun pour soi: l'éternelle romance...
Je fais appel à la sincérité.

Soyons donc francs; c'est si bon la franchise,
Que l'on soit cent, ou qu'on ne soit que deux,
Se dire tout, sans que l'esprit déguise
Joyeux propos ou pensers soucieux.
N'est-ce pas là le secret d'être heureux!
L'hypocrisie est encore une engeance
Qui brouille tout avec sa suffisance
Et son mépris de toute vérité:
Pour vous garder de sa belle jactance
Je fais appel à la sincérité.

Notre malheur, c'est que la femme, exquise
Qu'on aimerait, telle que je la veux,
Ne veut jamais au joug être soumise
Et que ses torts, pour elle sont des jeux.
Avec l'esprit toujours malicieux
Qui la conduit, elle a l'extravagance
D'avoir raison contre toute évidence,
Et de blâmer notre témérité
Quand nous pensons autrement qu'elle pense.
Je fais appel à la sincérité.

ENVOI

Surtout à vous, femmes, l'omnipotence
Que rien n'abat, vous, la toute-puissance,
Je le demande ; un peu d'urbanité,
Pour une fois, faites-vous violence.
Je fais appel à la sincérité.

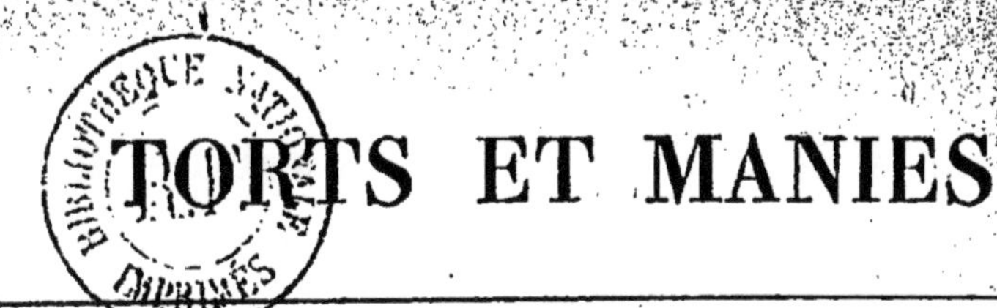

TORTS ET MANIES

RECONNAISSANCE

L'être qui entre dans la vie a, dès le berceau, vis-à-vis de la société, des devoirs de reconnaissance qu'il ne soupçonne pas, qu'il devrait connaître, et dont il ne devrait jamais pouvoir s'affranchir. C'est la reconnaissance due aux ancêtres. On jouit de l'existence (ceux-là mêmes qui souffrent jouissent de l'existence) ; on bénéficie des progrès réalisés depuis des siècles ; songe-t-on aux efforts, aux labeurs, aux peines déployés pour les réaliser, tous ces progrès dont on profite. De ce patrimoine commun, de cette fortune, on jouit égoïstement, sans réflexion et sans rendre grâce aux intelligences qui se sont souvent sacrifiées à la recherche de problèmes ou de découvertes. Les privations, les soucis, la mort même de tous ceux qui les ont réalisés, sont des considérations négligeables.

Et pourtant, l'être humain boit et mange autrement que les animaux, il vit, il parle, il lit, il écrit, il va, il vient, il dort, il se chauffe, il s'abrite, il voyage, il correspond, il apprend, il comprend, il se soigne, il..., il...

Allons, un respectueux salut à nos ancêtres, les inventeurs et les savants du monde entier.

L'INGRATITUDE

L'ingratitude revêt, dans certains cas, une forme odieuse.

Ne pas respecter, admirer, vénérer les savants qui ont travaillé, usé leur vie, à la recherche, si souvent ingrate et à la réalisation de grands problèmes, qu'ils sont arrivés à résoudre et dont ils nous offrent les résultats pour nous permettre d'en user et d'en jouir, cela me semble la forme la plus atroce que puisse prendre l'ingratitude humaine.

Les vivants portent ombrage ; on leur rend hommage, et à grand fracas, quand ils ne peuvent plus nuire ; on fait des souscriptions quand ils sont morts pour leur élever des statues.

Devrait-on se considérer comme libéré à si bon compte.

Ne devrait-on pas avoir, pour tous ces faiseurs de miracles, une sorte de religion, comme les fervents chrétiens en ont une pour remercier leur Dieu de tous ses bienfaits.

Vient-il à l'idée de quelqu'un, faisant usage du télégraphe, du téléphone, des chemins de fer, de la télégraphie sans fil, sans parler des découvertes et des inventions plus anciennes dont on jouit, d'élever seulement une rapide pensée de reconnaissance vers la mémoire de ceux dont les travaux souvent désintéressés ont donné naissance à toutes ces découvertes.

Tout récemment, j'aurais voulu voir, après la catastrophe du *Volturno*, tous les sauvés se réunir spontanément et adresser un hymne de reconnaissance au savant modeste, au merveilleux génie qui inventa la télégraphie sans fil, grâce à laquelle on avait pu leur sauver la vie !

Mais pourquoi, diable, aussi n'a-t-il pas inventé le moyen d'empêcher la tempête, de circonscrire un incendie, et de sauver, du même coup, les richesses que renfermait la cargaison du navire.

SUR LA DÉFENSIVE

Une des caractéristiques du dixneufvingtième siècle sera sans conteste le développement de cette quasi-maladie plus répandue encore que la tuberculose, moins guérissable encore, qu'on appelle *la transe*. Cette affection a le double et douloureux privilège d'être à la fois physique et moral. Quiconque respire, vit dans une transe continuelle et qui veut mettre un certain temps à succomber, doit se tenir sans cesse sur la défensive.

L'aphorisme qui dit : « La propriété ou le commerce, c'est le vol » a dû être inventé pour mettre en garde les naïfs contre les exploiteurs et les vendeurs à faux poids, mais il faut encore se défendre contre les autobus ou taxi, contre les apaches, contre les vélos, contre les cambrioleurs, etc. La liste en est trop longue ; et puis, n'eût-on, à force d'astuce, de précaution ou de ruse, à ne se défendre plus, contre rien, ni contre personne, qu'il faudrait encore et surtout se défendre contre soi-même.

LE BEAU LANGAGE

A l'époque lointaine où ne fleurissait heureusement pas encore l'instruction obligatoire, bien parler était un luxe presque exclusivement réservé à la haute société. On s'attachait même avec affectation à parler correctement; peu à peu, par esprit d'imitation, les classes inférieures subirent l'influence, et la bourgeoisie devint, comme la noblesse, légèrement pédante. Mais le mal n'était pas grand, si tant est qu'on puisse dire qu'il y avait là un mal ; c'était un travers tout au plus et fort respectable. Comment pourrait-on appeler le travers contraire, qui déshonore notre époque et qui tend à s'acclimater, à avoir force de loi dans la société contemporaine, toutes classes réunies. L'argot, puisqu'il faut l'appeler par son nom, s'implante partout, il a droit de cité, même dans les salons réputés les plus selects. Le pauvre petit mot *chic*, que des esprits sans doute rétrogrades du XIXe siècle affectèrent de trouver inconvenant, et voulurent proscrire du dictionnaire de l'Académie, a maintenant ses titres de noblesse ; on dit *zut*, et c'est très bien porté, on devrait même affectionner ce mot-là de particulière façon, puisqu'il se prononce comme on offre un baiser.

L'argot est donc une langue puisque, tout un clan de la société en fait usage et se comprend à merveille : c'est à se demander même comment il a pu se faire que des esprits très distingués se soient donné la peine de créer un idiome tel que le volapuck ou l'espéranto, que de rares adeptes consentent à apprendre, quand l'argot existe, est partout parlé, partout compris, attrayant pour tous, et qu'il ne faudrait qu'augmenter son vocabulaire pour en faire une langue véritablement universelle.

Admettons donc l'argot, il a sa couleur, son cachet, sa saveur, son expression ; mais est-il possible qu'on adopte, qu'on propage, qu'on colporte des formules absurdes, n'ayant ni queue ni tête, qui viennent on ne sait d'où, et qui, comme des intruses et des intrigantes, font leur chemin ; qui n'a entendu dire : *Tu parles. J' t'écoute. J' comprends. La barbe. La ferme. Des pommes*, et quoi, et quoi ! encore ? Qui donc nous dira l'origine de ces locutions et surtout qui osera les défendre ? Personne, si ce n'est, le voyou, le rôdeur, l'apache.

LES CONSERVATEURS

Combien peu nombreux sont les conservateurs. Des gouvernants ou des ministres républicains socialistes pourraient se réjouir à cette constatation, mais il ne s'agit pas ici de politique.

Peu de gens savent conserver ; on se débarrasse, trop hâtivement souvent, d'objets dont on n'a plus l'emploi, ou qui ont cessé de plaire, ou dont la mode est passée.

C'est un tort ; outre qu'on s'expose à une dépense inutile, le jour où cet objet vous manque et qu'il faut de nouveau l'acquérir, on se prive pour plus tard du plaisir, presque du bonheur qu'on éprouvera à le retrouver, tel un vieil ami fidèle depuis longtemps disparu, qui réapparait, sans rancune de l'oubli dans lequel on l'a laissé, et qui toujours est prêt à vous rendre service et à vous prodiguer des conseils, à vous sourire.

PARVENUS

Les parvenus, en général, n'ont pas une très bonne presse. C'est uniquement leur faute et ils auraient tort de se plaindre.

La fortune leur a souri, la fortune les a grisés, ils ne sont plus ce qu'ils étaient, et ils veulent oublier, plus encore, faire oublier leur origine. Ils y parviennent mal, ne dupent personne et risquent de tomber dans le ridicule.

Vous connaissez tous d'anciens domestiques, d'anciennes *bonnes*, arrivés à une *honnête* aisance, grâce a leur *persévérance* dans une assidue et *régulière* conduite (que de *pléonasmes !*).

Ils ne tiennent pour la plupart leur situation pourtant que de l'intrigue, du vol, de la complaisance intéressée, de la roublardise.

Quand, devenus riches, ils sont eux-mêmes ou

patrons ou patronnes, ils posent, ils deviennent vaniteux et sont, avec leurs inférieurs, les pires maîtres qu'on puisse rencontrer. Ce n'est pas avec eux qu'il faut majorer les prix, et faire danser l'anse du panier !

PARVENU

Pamphyle est un ignorant. Il ne sait que ce qu'il ne peut pas ne pas savoir, ayant vécu depuis vingt ans dans un milieu dont il a malgré lui gardé quelque vernis, par contact.

Du monde, il connaît les usages, il cherche très gauchement et sans y parvenir du reste à procéder par imitation. Il n'est que ridicule, mais on lui pardonne en raison de sa bonhomie, car il n'est pas encore vaniteux ; tout s'y oppose.

Mais Pamphyle est devenu riche et chacun sait que la fortune a le don de transfigurer les êtres. Le pauvre sans esprit, qui devient riche, devient du même coup orgueilleux, vaniteux, hâbleur. Ses amis d'hier ne seront plus ses amis demain, à moins qu'ils consentent à l'aduler, à avoir pour lui une considération nouvelle, et qu'ils se laissent gorger, ce qui est pour lui un des moyens de manifester son opulence.

Pour les autres, il prend des airs de protection. Il offre deux doigts, en disant « au revoir, cher », à ceux auxquels, autrefois, il tendait sa main grande ouverte.

Pamphyle est un parvenu.

L'AUMONE

Faire l'aumône est une délicieuse façon de se donner à soi-même du bonheur, en faisant un heureux.

Il devrait en être toujours ainsi ! Pourquoi faut-il que des exploiteurs se dissimulent sous l'aspect de malheureux et obligent quelquefois les gens charitables à calculer, sinon à arrêter leur bon mouvement.

On est tenté souvent de blâmer l'apparent égoïste qui passe, sans l'apercevoir, à côté d'un pauvre qui lui tend la main. Comme toujours, le bon pâtit pour le méchant.

Quiconque a été trompé, et qui ne cultive pas la charité chrétienne proprement dite, y regarde à deux fois, ce qui n'est souvent pas assez, avant de se faire étriller de nouveau. Voici un exemple : il existait, il doit exister encore aujourd'hui en hiver, à Paris, dans les mairies ou ailleurs, des fourneaux à l'usage des indigents. Les malheureux viennent là manger une modeste pitance, en échange d'un bon qui leur a été donné par une main secourable.

Ces fourneaux cessent de fonctionner le 1er mai. Le public le sait, mais les mendiants aigrefins le savent encore mieux, et ils continuent après cette date à demander, humblement, un bon de fourneaux dont ils savent ne pouvoir faire usage, pour obtenir une autre aumône. Si on la leur octroie, ils s'empressent d'aller la dépenser au cabaret ou ils boivent à la santé de la *poire* qu'ils ont su si bien duper.

Il ne faut évidemment pas dire : *ab uno disce omnes*; mais je certifie le fait, je l'ai vu.

Et puis, au fond, peut-être, ont-ils raison, ceux qui préfèrent être trompés deux fois en donnant à des intrigants, que refuser une seule à un vrai malheureux.

ABUS D'AUTORITÉ

Les hommes d'intelligence notoire, qu'on serait tenté de supposer inaccessibles à des mesquineries, ont aussi leurs faiblesses.

M. A. est arrivé à une situation très élevée ; chacun s'accorde à lui rendre justice ; il est intelligent, travailleur, bûcheur opiniâtre et, le succès qu'il a obtenu, il le mérite.

Il est arrivé presque au *summum* de la puissance ; il a pour lui l'autorité, qu'en fait-il ? Il prend plaisir à faire courber devant lui les fronts subalternes ; il est le maître,il ne faut pas qu'on l'oublie. Une requête qu'on lui présente est à l'avance rejetée, si le requérant convaincu de son droit fait mine d'insister. Il est systématiquement cassant et brutal avec ses inférieurs, il veut se faire craindre, il n'arrive qu'à se faire détester.

Il est si simple pourtant, sans perdre de prestige, d'avoir un peu d'aménité quand on détient un pouvoir. Il est si facile de donner autour de soi des marques d'estime à ceux qui le méritent, sans pour cela risquer de déchoir.

On a toujours tort de se prévaloir de la situation supérieure qu'on occupe, pour imposer son autorité et trancher impérieusement sur tout.

Il y a dans l'attitude de ces gens autoritaires une sorte de lâcheté qui les rend méprisables parce qu'ils savent que l'inférieur ne pourra pas, n'osera pas,se mettre en rébellion contre une décision prise, même arbitraire.

FAIRE DE L'AUTORITÉ

La chose est bien tentante pour des esprits étroits, mesquins et lâches.

Quelle satisfaction, quelle jouissance, que de faire un peu de despotisme, quand on dispose d'un pouvoir, d'une autorité, si minime soient-ils !

Nos excellents neuf cent mille et quelques fonctionnaires sont assez enclins à cette maladive coutume, et pour peu qu'ils soient galonnés ou revêtus d'un uniforme, ils jouissent d'un pouvoir illimité vis-à-vis du pauvre public qu'ils font aller au gré de leurs fantaisies.

Les sous-officiers d'autrefois étaient assez coutumiers du fait.

Vienne donc celui qui nous dira toutes les jouissances, tous les bonheurs qu'il éprouve à jouer ainsi au petit potentat.

LES CONSEILS

Je ne sais quel est le judicieux ironiste qui a dit que les conseils étaient faits pour être donnés, mais non pour être suivis.

On a évidemment tort de s'entêter à donner des conseils et de vouloir faire profiter les autres d'une expérience qu'on a quelquefois soi-même durement acquise. Quel est encore le philosophe qui a dit :

« L'expérience est une flamme qui n'éclaire que ceux qu'elle a brûlés » : son nom devrait passer à la postérité, qui n'en continuerait pas moins à n'agir qu'à sa tête.

CONSEILLEURS

Pourquoi par instinct, par nature est-on porté davantage à écouter les conseils des gens intéressés à vous nuire, plutôt que les avis de ceux qui, bien intentionnés,cherchent à vous épargner dans la vie, des déboires ou des peines.

C'est là un fait cependant et c'est toujours Satan qui aura raison.

Entre les bons avis d'un père et les mauvais conseils d'un valet, un enfant n'hésite pas à choisir.

La jeune fille écoutera plus volontiers une amie perverse, qu'une mère tendre et affectueuse; d'une caméristе, elle fera sa confidente.

Si la graine des bons serviteurs,cet ancien élément de bonheur domestique, a disparu à tout jamais, c'est aux mauvais conseils qu'on le doit.

Autre chanson. Et les amants, que ne vient-on pas leur corner aux oreilles : « Vous êtes mariée, madame, votre mari est un sot ou un brutal, il ne vous comprendra jamais, vous ne l'aimez pas, mais il est votre mari, votre devoir est là, restez-y. »

Et vous, homme, que des liens religieusement indissolubles attachent à une femme coquette, ignorante, vaniteuse, jalouse, il ne vous est pas permis de secouer votre joug, votre devoir est là, restez-y.

Et ils y restent, jusqu'au jour où l'amour, plus fort que tout, vient à son tour les conseiller et les arracher à leur galère en leur murmurant à l'oreille des mots d'espoir pour une vie meilleure à laquelle ils aspirent.

LA CHARITÉ

Cette vertu qu'on appelle la charité et qui consiste à aimer, à soulager, à protéger son prochain, peut se manifester d'une multitude de façons.

Une de ces façons, la plus attrayante pour celui qui la pratique, et la plus douce pour celui qui la reçoit, c'est la bienveillance.

La bienveillance est une des formes les plus complètes que puisse prendre la charité pour se faire aimer. Sous cet aspect, elle est capable de dompter ceux-là mêmes qui, par orgueil souvent, ne consentiraient pas à accepter les avances de la charité pure et qui sont désarmés devant une affectueuse bienveillance.

La bienveillance a encore le privilège de vaincre la jalousie. Celui dont le cerveau travaille, qui lutte et qui arrive à se faire un nom, grâce à son mérite peut-être, mais souvent aussi, grâce à la chance et aux circonstances favorables, suscite la jalousie de ceux qui l'entourent, plus méritants quelquefois, mais qui sombrent vaincus avant d'arriver à la gloire. Avec ceux-là il faut être bienveillant, c'est l'unique moyen de se faire pardonner d'être arrivé. Être grand avec modestie, c'est se grandir encore.

LA JUSTICE IMMANENTE

Sans être profondément méchant, s'il ne possède pas, s'il n'a pas su acquérir la suffisante grandeur d'âme pour réagir, l'homme est assez enclin à se réjouir du malheur d'autrui.

Ce qu'il ne fait pas par bonté d'âme, il devrait le faire par calcul, par raison, par observation. Il devrait redouter ce qu'on appelle la justice immanente, qui, pour n'être pas patentée comme l'autre, n'en a pas moins une occulte puissance.

Observez un peu, et vous vous rendrez compte, que vous être réjoui d'un ennui qui touche votre prochain, vous en attirera un à vous-même, quelquefois pire.

L'indulgence et la bonté sont les principaux facteurs du bonheur. Être bon, c'est vouloir et savoir se faire aimer.

LE BONHEUR

Le bonheur est une chose tellement fragile qu'elle devrait être la dernière à exciter la convoitise et à faire naître la jalousie.

A quoi bon envier à quelqu'un le bonheur qu'il a, puisque demain peut-être, et c'est fatal, ce bonheur se sera écroulé, pour faire place au chagrin.

C'est en cela que réside la véritable égalité, comme en la mort, et que rendent si bien ces mots latins, *Hodie mihi, cras tibi ;* « aujourd'hui moi, toi demain. »

Les jaloux ne sont ni indulgents, ni psychologues ; s'ils étaient psychologues, ce ne serait que pour se réjouir d'avance du malheur qui atteindra tôt ou tard ceux qu'ils envient et dont l'apparent bonheur leur porte ombrage.

FRAGILE BONHEUR

L'expérience devrait servir à mieux connaître la fragilité du bonheur.

Qui n'a vu autour de lui, sombrer les félicités, en apparence les mieux assises. Tout ce qui, humainement, constitue le bonheur : réussite, joies, fortune, ne repose que sur des bases branlantes, qu'une circonstance de la vie, un souffle, un rien, vient subitement anéantir ; aussi la raison, la sagesse veut-elle qu'on jouisse de son bonheur, mais sans jamais trop s'en réjouir. Et cela pour deux raisons : dans son intérêt propre d'abord ; pour sentir moins amèrement un revers de fortune quand, infailliblement, il se présentera ; et pour éviter ensuite l'explosion de satisfactions rancunières dont ne manqueront pas de nous assaillir les jaloux, charitablement heureux de nous voir abattus.

Combien j'aime cette expression d'une vieille du temps jadis, qui, pour traduire sa pensée lorsqu'elle se sentait complètement heureuse, disait : « Quand on a du bonheur, il faut plier le dos. »

NIVELLEMENT

Le corps, le cœur, l'âme ont besoin d'une somme déterminée d'exercice, de jouissances, d'aspirations pendant la durée d'une existence ; si tout n'a pas été trouvé, utilisé, dépensé, une récupération s'impose et s'établit un jour. C'est la loi. Seuls, peuvent faire exception, les êtres inertes qui n'ont ni cœur, ni âme ni cerveau et ne savent ni souffrir, ni aimer, ni penser.

ÉGOISME

On aime généralement les gens en proportion des plaisirs qu'ils vous procurent, des distractions et des amusements qu'ils vous offrent et aussi des bénéfices qu'on en tire ou qu'on pense pouvoir tirer de leur fréquentation.

J'ai dit aimer, j'ai eu tort, car l'affection n'a rien à voir là-dedans ; on n'aime pas, en ce cas, on exploite sous le couvert de l'amitié, et on a toujours tort d'exploiter.

C'est là encore une jolie forme de l'égoïsme.

On feint d'affectionner les gens par pur intérêt, et sans s'en douter, ou plutôt, sans vouloir se l'avouer on tombe dans le travers que le peintre Courbet définissait avec autant de finesse que d'exactitude en disant : « L'égoïste c'est celui qui ne pense pas à moi. »

MATURITÉ

On devrait toujours, quand on est jeune, se mettre en garde contre les élans du cœur et contre les excès de l'esprit.

Le cœur comme l'esprit a besoin de maturité.

Le faire entendre, peut-être passe encore, mais le faire comprendre et surtout le faire mettre en pratique, ce serait peine perdue. Et pourtant, avec quelle énergie ne devrait-on pas combattre, pour faire triompher et prévaloir cette théorie quand on a soi-même mûri et souffert et que la dure expérience vous conseille de crier aux générations qui montent, ce seul mot : *Cave*, « prends garde » : prends garde de tomber, prends garde d'aimer, prends garde de t'emballer.

La maturité du cœur et de l'esprit ne s'acquiert qu'avec l'âge. La présomption qu'on avait à vingt ans a disparu depuis longtemps déjà, quand on en a quarante.

Le frottement du monde, le contact de la société ont mis alors les choses au point; les illusions sont envolées, on sait alors ce que parler veut dire, on connaît la sincérité du monde, on fait table rase des préjugés et des conventions ; on pourrait alors recommencer à vivre, et on meurt, avec le regret de n'avoir pu faire profiter utilement ceux qu'on aime de l'expérience chèrement acquise.

LE SAVOIR FAIRE

Quiconque veut entreprendre un commerce agit sagement en se mettant à l'abri d'éventualités par un apprentissage.

Il faut par avance acquérir l'expérience nécessaire à l'exercice de tout métier.

Il y a une catégorie d'individus dont on dit qu'ils sont bons à tout et propres à rien, mais ces gens-là, tout nombreux qu'ils soient, sont l'exception.

Il n'y a guère que le métier de marchand de vin qui soit, sans étude préalable, accessible à ceux que dévore le besoin d'être patron, de gagner de l'argent et d'en perdre ; pour ce métier-là il suffit de savoir boire et faire boire, causer un peu, jouer beaucoup et puis faire faillite, pour recommencer dans un autre quartier ou dans un autre pays.

Si, pour le métier qu'on exerce, on n'a aucune expérience, on s'expose pour le moins à paraître un imbécile vis-à-vis de la clientèle qui doit vous faire vivre.

Je me suis présenté un jour dans une librairie nouvellement installée et tenue par un jeune ménage. Le mari était absent ; je demande à la femme, jeune et charmante, si, parmi ses livres, elle n'avait pas *l'Ornithologie passionnelle* de Toussenel.

Toussenel, elle n'en avait jamais entendu parler, c'est probable, *ornithologie* sentait trop le grec sans doute, mais *passionnelle* lui sembla de la dernière impertinence et ce fut d'un air revêche, pudibond et vexé qu'elle me répondit en rougissant :

— Monsieur, nous ne tenons pas de tels livres !

Je m'en tins là !

Le lendemain, je crus devoir m'expliquer auprès du mari, et ce fut lui qui me fit des excuses.

Je dois à la vérité de dire qu'à la devanture de cette même librairie, j'ai vu depuis, toute une collection de livres concernant les anciennes religions arabes, persanes ou hindoues, que vendait sans aucune gêne l'ex-jeune marchande ; l'expérience lui était sans doute venue en même temps que s'était envolée son intempestive pudeur.

FORTUNE ET BONHEUR

On entendait fréquemment autrefois émettre cet aphorisme : « L'argent ne fait pas le bonheur », et dans les circonstances de la vie on s'appliquait à mettre ses actes en rapport avec ses théories.

Que les temps sont changés !

Aujourd'hui, on ne conçoit plus de bonheur sans argent !

Des parents riches veulent-ils marier leur fille, c'est là fortune qu'ils recherchent, il leur faut un gendre ayant « une belle situation » ; les qualités du cœur ou de l'esprit, on ne s'en occupe guère, l'essentiel c'est de pouvoir paraître ; le reste importe peu. C'est là une des raisons des mauvais ménages issus des mauvais mariages.

On invoque, pour défendre ces théories, que nous ne vivons plus dans le siècle de la rêverie, qu'il faut être positif, comme si le cœur était si positif que ça, comme si, lui, il mesurait ses battements au tintement des pièces de cent sous.

CONFIANCE EN SOI

Un travers qui ne porte préjudice qu'à celui qui le possède, c'est de manquer de confiance en soi-même. A-t-on une résolution à prendre, on consulte des étrangers, tout disposé à accepter leurs conseils, ces conseils dussent-ils être pernicieux. On se méfie des impulsions de son esprit ou de son cœur.

Tel donnera un excellent avis, si on le lui demande, qui ne se le donnera pas à lui-même.

Dans les circonstances les plus banales, cette tendance se fait jour : On consulte sa montre et on constate une différence avec l'horloge pneumatique du carrefour ; c'est évidemment l'horloge qui marque l'heure juste, et pourtant !! On hésite à entreprendre une besogne qu'on réussirait à merveille et on la fait manquer souvent par un ouvrier qu'on paie.

Par contre, on voit une multitude de gens qui ont en eux-mêmes une confiance illimitée ; mais chez ceux-là, ce n'est plus un travers, c'est un défaut : ce sont des sots, qui se ridiculisent.

CONFIANCE AUX AUTRES

Pire, est de n'avoir pas confiance aux siens quand ils le méritent,ou par leur science,ou par leur intelligence, ou par leur désintéressement, guidés qu'ils sont par leur affection.

Ce fait est cependant monnaie courante.

Le proverbe : « Nul n'est prophète en son pays », qui doit être vieux comme le monde, indique bien que depuis toujours ce travers a régenté l'humanité.

Dans une réunion, en famille, une discussion s'élève, les avis sont partagés ; si un étranger se trouve présent, c'est sûrement son avis qui prévaudra, même et surtout contre le mari, si par hasard un mari se trouve là ; il est vrai de dire que la revanche n'est pas loin, car si demain, le même mari remplit les fonctions d'étranger dans un autre milieu, ce sera son tour de triompher, en vertu du même principe.

INGRATITUDE

L'ingratitude a été définie ainsi : Oubli d'un bienfait, négation d'une dette, improbité du cœur. Sous cette forme, le défaut de gratitude s'applique surtout à un fait physique ou matériel. Il y a aussi l'ingratitude de l'âme, qui, par sa subtilité, revêt un caractère plus grave et rend plus coupables ceux qui s'y laissent entraîner.

Tels écrivains par exemple, qui, à force de persévérance et de travail, sont arrivés et ont acquis la réputation, la situation rêvée, sont ingrats envers eux-mêmes quand, parvenus à l'âge mûr, ils regrettent leurs œuvres de début, voudraient ne les avoir pas écrites et surtout les voir oublier. Quel orgueil! Est-ce que l'œuvre plus récente qu'ils aiment ou qu'ils préfèrent n'a pas ses racines dans les premiers balbutiements de la vingtième année. Un homme robuste doit-il rougir en songeant aux premiers pas qu'il a faits dans la vie, soutenu par la main secourable d'une mère; de ces premiers pas pourtant sont venues la hardiesse et la force qui lui ont permis d'acquérir toute sa puissance. Tout se tient. L'œuvre d'un écrivain peut être comparée à une toile d'araignée. L'intelligent insecte a commencé par lancer les fils qui doivent servir de soutien à son œuvre; peu à peu son travail se resserre, il semble qu'il s'applique à exécuter plus finement, avec une aisance plus parfaite, le tissu qu'il parachève, jusqu'à sa complète exécution. Viendrait-il à l'idée d'une araignée, quand elle a totalement accompli son labeur, de détruire ou de regretter d'avoir perdu son temps à tisser tout d'abord ces premiers fils largement espacés sans lesquels aucune œuvre utile pour elle n'eût pu être accomplie.

On regrette donc d'entendre des écrivains, des poètes, se lamenter, quand ils sont ou académiciens, ou académisables, et déplorer d'avoir produit et de ne pouvoir détruire leurs œuvres de jeunesse. N'est-ce pas là une véritable ingratitude.

LE PARDON DES INJURES

La morale dit qu'il faut savoir pardonner et oublier les injures : mais la morale même dans ses plus beaux commandements n'est accessible qu'à ceux qui veulent et savent se plier à ses exigences.

Plutôt que pardonner et oublier, on préfère garder rancune, au besoin même distiller un peu de haine.

Musset a dit :

> A défaut de pardon, laisse venir l'oubli.

Mais Musset était un rêveur, on donne la préférence au principe de Schopenhauer qui dit :

« Pardonner et oublier signifient jeter par la fenêtre des expériences chèrement acquises : il faut en vouloir sans fin aux ingrats qui vous ont blessé. »

A quelque duperie nouvelle qu'on s'expose, il vaut encore mieux suivre la pensée de Musset.

LE PLUS MALIN

Un des grands travers de l'homme est de se croire toujours plus malin que les autres.

Dès l'enfance cette prédisposition de l'esprit se fait jour.

Les ouvriers, les employés ont le plus généralement la prétention « d'empiler leurs singes », pour me servir de l'expression consacrée.

Les simples militaires en veine de fainéantise n'essayent-ils pas aussi de monter le coup au major par ces multiples moyens que chacun connaît.

Tout cela est enfantillage et se pratique depuis que le monde est monde ; on devrait pourtant se rendre compte que les vieux ont vécu.

Le seul excusable est l'enfant qui pèche par ignorance et par présomption, et c'est peut-être lui le plus accessible au raisonnement.

Je connais un père qui, prenant ainsi en défaut son fils, le corrigea en le mortifiant dans son orgueil : « Tu n'es pas intelligent, mon ami, lui dit-il, tu aurais dû trouver autre chose à me dire pour t'innocenter. Ce que je te reproche, je l'ai dit et fait avant toi, donc je sais à quoi m'en tenir et je ne suis pas ta dupe. » Et au lieu de le corriger il lui tourna les talons en le toisant dédaigneusement.

L'enfant mortifié n'a plus jamais récidivé.

DUPEURS DUPÉS

Combien entend-on de gens se lamenter et se plaindre de l'ingratitude humaine.

Beaucoup, certes, ont raison ; mais aussi combien d'autres ont tort.

Quantité de gens ne sont généreux que par calcul; ils espèrent faire une affaire et n'agissent que par intérêt.

Si leur combinaison se trouve déjouée par les circonstances, ils crient à l'ingratitude, outrés de ne pas recueillir la reconnaissance à laquelle pourtant, en toute équité, ils n'ont aucun droit, puisqu'ils n'étaient pas sincères.

Ils n'ont pas pu tromper les autres, donc ils sont dupés.

SIMPLICITÉ DU LANGAGE

Ce que l'on conçoit bien s'énonce clairement.

. . . .

Avez-vous remarqué combien il paraît difficile à certaines personnes de dire très simplement des choses simples ?

Faire sottement étalage de sa science, quand on en a, est maladroit, surtout si l'on a conscience de parler à des ignorants ; mais vouloir étaler, à grand renfort de grands mots dont on ignore soi-même le sens exact, une érudition qu'on n'a pas, est profondément absurde.

INUTILE FORTUNE

Un des travers les plus répandus dans notre pauvre humanité est certainement l'envie. Je dis avec intention travers, parce que, au point de vue morale religieuse, le péché capital qui porte ce nom serait trop gros de conséquences dans l'ordre d'idées qui nous occupe ici.

D'abord où commence et finit l'envie, péché capital ?

L'envie se traduit humainement de tant de façons anodines, qu'on ne saurait, pour la caractériser, employer des termes empreints d'une trop grosse sévérité.

Bien vénielle me semble la faute d'une femme qui envie une autre femme, parce que celle-ci porte un volumineux chapeau, orné de plumes, de fleurs, de fruits et d'épingles, alors qu'elle-même n'a qu'une modeste capeline, et pourtant elle est envieuse. De même, l'honnête et modeste artisan, qui, revenant au logis, croise en chemin, un gros monsieur emmitouflé dans sa pelisse de fourrure et qui l'envie.

L'envie, donc, se traduit d'une multitude de façons d'autant plus simples que les lèvres seules expriment une idée, une pensée avec lesquelles le cœur n'a rien à faire.

Une des principales causes qui déchaînent ou inspirent l'envie, c'est la fortune, j'entends, la grosse fortune.

N'avez-vous pas entendu, avec accompagnement de soupirs, sentant la convoitise, parler des milliardaires de l'ancien et surtout du nouveau continent.

Rothschild, maintenant passé en Europe à l'état de proverbe, n'en parlons pas. Mais les nababs américains, les Rockfeller, les Carnegie, tous les rois du fer, du pétrole, des chemins de fer jouissent d'une réputation colossale qui en fait des êtres enviables pour le commun des mortels! Pensez donc : avoir trois mille francs à dépenser par minute!! C'est, paraît-il, ce qui représente la fabuleuse fortune de Rockfeller! A quel miséreux fera-t-on croire qu'avec une telle fortune on puisse ne pas être heureux? Le fait est exact pourtant. Les milliardaires peuvent ne pas être heureux, car le bonheur ne s'achète pas. Ce qui s'achète a pour eux perdu toute valeur.

Tout se perd, tout s'efface, tout s'émousse dans la satiété.

INGRATITUDE ENVERS LA NATURE

On est généralement ingrat envers la nature. N'est-ce pas une réelle ingratitude, que de dédaigner ou de dénigrer, soit par ignorance, par bravade ou par vanité, tout ce qu'elle produit et offre à l'humanité. Sous des formes multiples, la nature est un vaste champ de bienfaits.

L'intelligence a-t-elle donc une telle infériorité sur l'instinct?

Les animaux qui, livrés à eux-mêmes, peuvent heureusement se soustraire à la tyrannie de leurs maîtres et de la civilisation, sans avoir rien appris, savent trouver la nourriture saine qui leur convient et ils entretiennent leur santé. Parmi les animaux le plus en contact avec l'homme, ne voit-on pas le chien, par exemple, remédier à certains malaises occasionnés par la pitance qu'il est obligé de subir et d'absorber,en mangeant des plantes ou de l'herbe pour se remettre l'estomac en état.

Soyons indulgents pour ceux ou celles qui pèchent par ignorance ; cette ignorance-là sera un jour victorieusement combattue,espérons-le ; mais ceux qui souffrent et qui se plaignent et qui, par vantardise, prétendent commander à la nature, sont aussi coupables et imprévoyants que les vaniteux. Après avoir détraqué leur organisme par des abus de toutes sortes,ils vont demander, le plus souvent par mode, à des stations thermales, à des cures d'air, de rétablir leur santé compromise : et là encore souvent, c'est la généreuse nature qui les sauve.

LA PROCÉDURE ET LE JEU

Le jeu est,le plus souvent,un moyen qu'emploient les parasites de la société pour vivre aux dépens des naïfs.

Pourquoi, par un enchaînement d'idées suis-je

amené à faire entrer les procéduriers dans la catégorie des joueurs.

Ces gens ne se livrent-ils pas, en effet, à leur sport favori, dans le but d'embrouiller les affaires ; ne compliquent-ils pas au lieu de simplifier, pour l'unique raison qu'ils tireront de plus larges profits. C'est l'idée de lucre qui les conduit et qui les pousse.

Combien pourtant leur rôle pourrait être moralement rehaussé, si avec les moyens dont ils disposent, ils s'érigeaient en conseils, en pacificateurs, en guides loyaux, si au lieu d'envenimer les querelles, ils cherchaient à les atténuer.

Et leur seul intérêt qu'ils poursuivent si âprement n'en serait nullement lésé.

La chicane ne périra qu'avec l'humanité.

La source de revenus n'est donc pas près de se tarir et je persiste à croire qu'on peut honnêtement faire le métier de procédurier à condition de savoir s'y prendre et d'y mettre un peu de loyauté.

LA FIERTÉ

La fierté devrait n'être qu'une qualité, mais elle devient un défaut quant elle sort des limites où il lui est permis d'exercer son pouvoir.

Soyez fier de votre beauté physique, sans vanité toutefois et sans orgueil, car cela n'est ni donné, ni permis à tout le monde, et vous n'avez aucunement droit de vous prévaloir de ce que la nature magnanime a pu faire pour vous.

Soyez fier de votre beauté morale, ceci est déjà mieux, car incontestablement vous êtes pour quelque chose dans le parachèvement de votre individualité, en ayant su conserver à votre esprit et à votre cœur la grâce qui vous a fait estimer et chérir. Soyez fier encore de votre talent, si vous en avez et que vous soyez bien certain, que l'admiration qu'on vous témoigne soit bien due à votre seul mérite, mais ne soyez fier que de cela.

Le reste, ce qui rend fiers les orgueilleux, les vaniteux, les parvenus, c'est-à-dire la fortune, la veine, la chance, ne doit jamais vous émouvoir et encore moins exciter votre fierté, c'est-à-dire, en ce cas, susciter autour de vous la jalousie, la convoitise, la haine, et par-dessus tout quelquefois le mépris.

LA SINCÉRITÉ

La sincérité est une des rares qualités, un des rares mérites qui devrait trouver grâce devant l'adversaire le plus acharné.

La sincérité devrait être respectée partout, toujours, par tous.

En politique (ce foyer de haine), en polique même la sincérité devrait désarmer les adversaires ; car quiconque est convaincu, et plaide chaleureusement sa cause, mérite la sympathie, le respect, la considération, l'estime.

Mais la politique ne connait pas et ne voudra jamais connaître ces subtilités, qui obligeraient à désarmer des entêtés imbus seulement de parti pris.

SAVOIR OFFRIR

Savoir donner est déjà difficile, savoir offrir l'est plus encore.

Donner est le résultat d'une décision prise. Quand on veut faire un présent à quelqu'un, on se préoccupe ou plutôt on doit se préoccuper du goût de la personne qui doit le recevoir ; une main donne, une autre main reçoit.

Offrir est tout autre chose, car l'offre est subordonnée à l'acceptation. On dit en offrant : Permettez-moi de vous offrir, ou, faites-moi le grand plaisir d'accepter ceci ou cela.

Peu de personnes savent faire cette offre, et de cette ignorance, on peut quelquefois déduire que l'offre n'est pas sincère ; qu'on offre du bout des lèvres, avec l'arrière-pensée d'aller au-devant d'un refus, qu'on escompte.

Neuf fois sur dix, une personne à laquelle on dit : Voulez-vous accepter ceci ou cela, refuse ; elle refuse par politesse, avec l'idée qu'on insistera un peu pour lui faire accepter ; si on n'insiste pas, elle est, selon les cas, ou froissée ou privée. Il y a là de part et d'autre un manque de franchise blâmable et maladroit. Je crois qu'il vaudrait mieux quand on offre de bon cœur risquer de perdre des biscuits ou des friandises, qu'on aurait inutilement extraits de leurs boîtes, que de dire à des invités, comme font quelquefois les gens mal élevés, en montrant ces boîtes soigneusement closes : « Voulez-vous un bonbon ou un chocolat. »

NOM DE BAPTÊME

On ne choisit pas son nom patronymique, on le reçoit de ses parents, on le lègue à ses enfants et il passe ainsi de génération en génération. On le reçoit et on le garde tel quel, à moins que des raisons graves vous obligent à en changer, et cela moyennant finances.

On sourit bien un peu, quand on rencontre un individu portant le nom de Cochon, ou Cheval, ou Merlan, ou Leveau, ou Robinet, ou Cocu, mais ce ne saurait être un grief ou un prétexte à ridiculiser ceux qui n'ont rien fait pour ne pas s'appeler tout simplement, ou Dupont, ou Durand.

Le nom de baptême, c'est une autre affaire : celui-là on le choisit ; et quand on n'est guidé par aucune considération de famille ou de sentiment, on cherche souvent sur le calendrier, quels noms on pourrait bien choisir pour sa progéniture. Le choix est trop nombreux, pour n'être souvent pas très difficile ; il y a bien aussi là une question de mode ; car vous n'êtes pas sans avoir remarqué que certaines époques sont plus fécondes que d'autres, en Pierre, en Paul, ou en Jean, ou en Jacques. Sous la Révolution, les saints ayant cessé d'avoir cours légal, on appelait couramment les enfants, Lucifer, Brutus, Tritus ou même Marat.

Donc le choix peut être difficile, et sans qu'on y songe, il peut être dangereux. Il y a dans ce choix un écueil qu'il est, je crois, bon de signaler, pour ne pas mettre en mauvaise posture plus tard un enfant dont le nom de baptême pourrait être pour lui ou ridicule ou difficile à porter : Martial par exemple est un nom qualificatif qui siéra très mal plus tard, a un enfant tranquille, posé et pas belliqueux pour un sou : j'en ai connu un dans ce cas, que ses parents voulaient appeler Martial et que sa grand'mère, femme intelligente, avisée autant que prévoyante, voulut qu'on appelât plus simplement Firmin ; et de fait Firmin porta jusqu'à sa mort, ce joli nom, beaucoup plus modeste et très en rapport avec son être, de la façon la plus élégante possible.

Inutile, je crois, de multiplier les exemples aussi bien pour un sexe que pour l'autre.

PRESTIGE DE LA FORTUNE

C'est sans doute aux multiples difficultés qu'on rencontre dans la vie pour se créer une situation, que la fortune, l'argent, comme on dit, a pris une si grande importance et jouit d'un si grand prestige.

Pour beaucoup, l'argent est tout, et toute autre préoccupation disparaît devant celle-là.

Dernièrement, un célibataire jeune et riche se suicide ; il était malade, neurasthénique et malheureux.

On s'étonne de son acte, et l'étonnement se résout à ceci : Il avait pourtant de la fortune !

LA VIE CHÈRE

Il s'agit de s'entendre sur cette expression. Sous ce vocable, on devrait comprendre tout ce qui constitue l'existence au point de vue dépense.

Mais beaucoup ne récriminent que contre la cherté des vivres ; là seulement réside le véritable dommage ; ils en déduisent qu'il faut se restreindre sur la nourriture, mais ils n'y regardent pas de si près pour s'offrir le superflu.

Des gens soupent modestement d'un hareng saur arrosé d'eau claire, et vont, deux heures après parader dans une soirée mondaine, tirés à quatre épingles, arborant d'impeccables gants blancs.

Qu'arrive-t-il ? Ils se détraquent l'estomac, sont malades, et font venir le médecin. Ils le paient en se disant sans doute que, dans une société bien comprise, le premier devoir est la solidarité. Ne faut-il pas que tout le monde vive, les médecins comme les autres hommes : et l'argent économisé sur les victuailles, on le dépense en médicaments et en drogues.

BÊTES ET GENS

Parmi les symptômes de l'égoïsme humain, il en est un qui semble plus grave et plus répugnant que les autres.

C'est le travers qu'on rencontre chez les êtres personnels qui, après eux-mêmes, préfèrent les bêtes aux gens.

Il y a là, je trouve, une preuve d'infériorité mentale chez ceux qui pensent et agissent ainsi, il semble que leur niveau intellectuel soit plus rapproché de l'animal que de l'humanité.

L'INDULGENCE

Le manque d'indulgence est un des travers les plus répandus. On est généralement sévère et rosse pour son prochain. Tel méfait, telle faute a été commis, on s'empresse de le colporter, on rit, on jase, on critique, on abîme, on déchire, rarement on excuse. Est-ce équitable, est-ce logique ? à défaut de bonté, il faut être logique ; et ce que la charité ne vous incite pas à faire, l'intérêt et le calcul devraient vous y pousser. Êtes-vous donc parfait ? vous-même n'avez-vous donc rien à vous reprocher, et êtes-vous donc si certain de ne pas, un jour ou l'autre, commettre une sottise qui vous mettra en vilaine posture dans la société ? Ce jour-là, et il viendra s'il n'est pas venu déjà, vous reconnaîtrez à vos dépens toute la grandeur de l'indulgence chez les autres et vous déplorerez de l'avoir si peu pratiquée vous-même pour autrui.

AFFICHES ET RÉCLAMES

J'ai bien envie de me faire décorer ! Je tiens une idée. Mise en pratique, elle ferait rentrer dans les caisses de l'État des millions. En ces temps de pénurie, quel est le chef de gouvernement, quel est le ministre des Finances, capable de rester insensible à une semblable tentation. De plus l'humanité tout entière et principalement l'humanité souffrante y trouverait son compte. Voici :

Tout le monde sait quelle formidable puissance a aujourd'hui la réclame-publicité. Les affiches, les annonces pullulent, c'est à qui, sous la forme la plus adroite, induira le client en erreur et lui fera croire que les vessies sont des lanternes ; que tel produit est bien supérieur au voisin.

La plupart de ces affiches et de ces réclames sont notoirement mensongères, et celui qui les publie n'a qu'un but : faire des dupes, attirer à lui une clientèle naïve et en tirer le plus gros profit possible.

Ces produits peuvent être classés en trois catégories : les bons, les anodins et les nuisibles, mais chacun doit nourrir son homme.

Je voudrais voir mettre sur toutes ces réclames une taxe énorme.

Les inventeurs de bons et utiles produits paieraient et trouveraient encore dans leurs recettes une compensation suffisante pour couvrir leurs frais; les autres se paieraient de toupet d'abord, mais comme leurs produits anodins ou mauvais ne leur donneraient pas des bénéfices équivalents à leurs dépenses, ils renonceraient à la réclame dispendieuse, à la fortune aléatoire, et le public, le pauvre public crédule serait à l'abri des surprises malsaines, c'est surtout la santé qu'on exploite de cette façon, car c'est là réellement une exploitation.

La santé étant pour tous le premier des biens, c'est sur la santé qu'on table et que se font les plus colossales réclames; mais toutes les autres inventions, toutes les autres attractions utiles ou non, susceptibles d'être vendues à des vaniteux, à des snobs ou à des ignorants, qui rougiraient de passer pour des rétrogrades, qui veulent être comme on dit, à la hauteur, et qui vont de confiance porter leur argent à des exploiteurs, ceux-là, je trouve, doivent être défendus. Ils sont la masse ignorante et bénévole, et cette masse est la victime d'un intrigant habile et sans scrupule. Sous le couvert de la bienfaisance et du bien social il ne considère hypocritement qu'un seul intérêt, le sien.

BÊTES FÉROCES

Pourquoi appelle-t-on les lions, les tigres, les panthères et tant d'autres animaux, des bêtes féroces. Rangez-les dans la catégorie des carnassiers, appelez-les sauvages soit, mais bêtes féroces pourquoi ? Le lion n'est pas plus une bête féroce qu'une araignée ou un oiseau. Il faut qu'il vive puisqu'il a été créé, il tue, et il mange, mais que tue-t-il, que mange-t-il ? Il n'est jamais venu à l'idée d'aucune de ces victimes animales de l'appeler bête féroce ; c'est l'homme qui l'a ainsi baptisé, parce que dans un but de lucre, pour satisfaire toutes ses convoitises, il est allé, pour coloniser, troubler le lion dans ses vastes et belles solitudes et que le lion poursuivi, chassé, traqué, s'est défendu ; n'était-ce pas son droit, quel est le plus féroce de l'homme qui tue pour tuer, ou de l'animal qui tue pour vivre.

Et ces peuplades que l'homme appelle aussi des peuplades sauvages, parce qu'elles se défendent quand, sous le couvert de la civilisation, on vient leur ravir leurs territoires et leur biens, et leur inculquer des mœurs, des coutumes dont ils pourraient fort bien se passer.

Quel est le plus sauvage, de l'homme soi-disant

civilisé, qui, parce qu'il est le plus fort grâce à sa poudre et à ses canons, va tuer pour les voler des peuplades inoffensives, qui se défendent quand on vient les attaquer, ou de ces peuplades qui depuis des siècles vivent entre elles, à leur guise, se battant entre elles, par rivalités tout comme les peuples imprégnés de civilisation d'Europe ou d'Amérique. Les civilisés sont souvent plus sauvages que les sauvages.

SCRUPULE

L'intérêt et le scrupule sont frères ennemis. Quand ils sont aux prises, l'un étouffe inévitablement l'autre et c'est toujours le scrupule qui succombe. Serait-il humain qu'il en soit autrement ? Seules des natures d'élite sont capables d'agir différemment.

Une femme jeune vient de perdre son mari : elle est pauvre, elle a des enfants à élever. Elle en est réduite, pour augmenter ses ressources, à vendre, petit à petit, tout ce qui constituait le modeste luxe de son intérieur. Cela n'est pas suffisant encore et elle vend ses meubles, péniblement achetés très cher, en accumulant économies sur économies. Combien va-t-elle pouvoir les vendre, ces meubles soigneusement entretenus, frottés, cirés, astiqués ; ce qui lui a coûté 100 francs elle l'offre pour 25 francs, et l'acquéreur rapace, qui n'a pas à faire de sentiment en affaire, en donne 10 ; « cela est textuel ». N'est-ce pas honteux, n'est-ce pas écœurant, de voir ainsi spéculer sur la douleur humaine, j'ai bien dit spéculer, car l'acquéreur est au fait de la situation ; il sait que la malheureuse, à moins d'autres démarches qui lui répugnent, est obligée de passer sous ses fourches. Qu'un marchand opère de cette façon, soit, c'est son métier ; mais qu'un particulier cherche un bénéfice illicite, dans une opération de ce genre, voilà qui ne devrait pas être admis, ni même pensé.

L'exemple se présente journellement pourtant ; il est vrai que la vie est chère, et qu'il n'y a pas de petits bénéfices ; l'intérêt avant tout ; chacun pour soi, et tant d'autres formules appropriées, qu'on emploie ou qu'on emprunte, pour étouffer des remords de conscience.

LA VÉRITÉ

> L'esprit, fécond en déguisements, s'étudie à défigurer, selon ses besoins ou ses intérêts, tantôt les vices, tantôt les vertus, et la parole qui est l'image de la raison, et comme le corps de la vérité, est devenue l'organe de la dissimulation et du mensonge.
>
> FLÉCHIER

Que l'ombre de Fléchier me pardonne cette réminiscence. Quand il parlait en ces termes de la vérité, il ne l'envisageait pas sous le rapport commercial, mercantile et industriel ; mais comme les intérêts matériels ne le cèdent en rien aux intérêts moraux, l'esprit est aussi fécond à dénaturer, à déguiser sa pensée, qu'il s'agisse d'âme, de cœur, de vices et de vertus, que, de façon plus terre à terre, d'achats, de fabrication ou d'invention.

La vérité est la qualité de ce qui est, de façon absolue ; et quoi qu'on en ait dit, quand elle s'applique aux choses matérielles, elle ne devrait pas avoir moins de force, moins de clarté.

Pourquoi, aujourd'hui, la vérité n'est-elle pas absolue, matériellement parlant, car elle ne l'est pas ; simplement parce que chacun, selon ses propres intérêts, l'habille à sa guise, la farde, la maquille.

Vous verrez que dans la génération qui grandit, les peintres n'oseront plus la représenter dans sa splendide nudité, sortant d'un puits.

Il y a pourtant des vérités contestées qui sont incontestables.

Lorsque la mesure ou la comparaison est possible ou s'impose, la vérité peut aisément triompher ; mais dans combien de cas, l'esprit reste-t-il forcément indécis faute de preuves.

C'est à l'absence de ces preuves qu'il faudrait pouvoir remédier ; et il doit être possible de déterminer si quelque chose est plus ou moins grand, plus ou moins élevé, plus ou moins propre, plus ou moins sain, plus ou moins pratique, plus ou moins commode, plus ou moins agréable.

Paris est-il plus grand que Londres, la Tour Eiffel est-elle plus élevée que l'Arc de Triomphe, M. X... plus propre que M. Z..., la sécheresse plus saine que l'humidité, l'électricité plus pratique que le pétrole, le chauffage central plus commode que les cheminées, le parfum des roses plus agréable que l'odeur du fumier : lequel des magasins, le Louvre, le Bon Marché, le Printemps, les Galeries Lafayette, est le plus grand ? Ils s'intitulent tous les plus vastes de Paris, voire même du monde entier.

S'il n'y avait à défendre que des intérêts particuliers, la chose ne vaudrait pas la peine qu'on s'en occupât ; mais quand l'intérêt général est en jeu, c'est autre chose : et devraient être impitoyablement réduits au silence, les exploiteurs qui se soucient de la vérité comme d'une guigne et n'ont en vue que faire des dupes. La crédulité publique est grande : quand il s'agit de médicaments et de santé, elle est sans limite, et c'est en ce cas peut-être qu'elle est le plus odieusement exploitée ; c'est là que l'ignorance fait le plus grand nombre de victimes.

C'est sans doute au nom de la liberté qu'on tolère les abus : c'est au nom de la liberté qu'on devrait les réfréner. En disant hautement la vérité, on donnerait aux uns la latitude de vivre, tout en laissant aux autres la liberté d'empoisonner.

A PAQUES

La fête de Pâques donne chaque année à l'humanité l'occasion de manifester sa bêtise et son ridicule. Depuis que le monde est monde, je veux parler du monde soi-disant civilisé, qui a subi et qui subira longtemps encore l'influence des coutumes et des modes, il est d'usage, à Pâques, de changer sa façon d'être. Pâques c'est Pâques ; à Pâques on doit abandonner ses vêtements d'hiver et sortir les chapeaux de paille, les robes légères et les traditionnels pantalons de nankin. La température n'a rien à voir là-dedans. Pâques c'est Pâques, dût-on risquer rhumes ou bronchites, c'est la coutume, tout est là. On pourrait tenir compte des variations climatériques que la planète a subies, ou tout au moins se rendre compte que Pâques le 26 avril doit être plus chaud, normalement, que Pâques le 21 mars, mais là n'est pas la question, c'est Pâques, tout est là.

Ne voit-on pas aussi un peu plus tard, en octobre, des gens grelotter devant leurs poêles éteints, en attendant que vienne, avec le 1er novembre, l'habitude de les allumer !

Mais ici l'exemple, l'exemple ridicule et suranné venait des compagnies de chemins de fer, que le progrès a fait sortir de leurs coutumes en leur donnant un moyen plus économique et plus pratique de chauffer leurs voyageurs... ce qui n'empêche pas les routiniers de persister dans leurs errements.

VIEILLES ET NOUVELLES COUTUMES

La plupart des coutumes sont des habitudes prises de longue date dans les pays, dans les provinces et que l'usage a consacrées. Elles ont vécu et elles vivront pour réjouir souvent ceux qui auront su les bien conserver ; mais il est difficile de créer des coutumes, et très hasardeux d'essayer d'en acclimater de nouvelles.

La chose fut tentée il y a quelques années.

N'a-t-on pas vu, en effet, le grand monde instaurer un usage dans le libelle des lettres de faire part. Cet usage consistait à exclure de ces lettres tout l'élément féminin, épouse, mère ou fille, mais on y faisait figurer le nom des enfants mâles, eussent-ils un mois ou moins. Cette tentative ne semble pas avoir réussi, elle est tombée en désuétude, ce qui donnerait, une fois de plus, raison au proverbe qui dit que le ridicule tue.

Les exemples sont assez fréquents, du reste, de tentatives faites, par ce qu'on appelle le grand monde, dans le but de créer des habitudes ou de lancer des modes.

Ce qui nuit un peu à son prestige, c'est que, dans cette voie, le grand monde se rencontre souvent avec le demi-monde et les cocottes.

CRITIQUES ACERBES

Les journaux et les revues de toute espèce se sont multipliés démesurément depuis quelques années.

incalculable est à peine suffisant pour en déterminer le nombre; on se sert de cette épithète en parlant des étoiles, il y en a plus que ça encore.

Dans chaque journal, dans chaque revue, il y a des rédacteurs, qui ont chacun leur spécialité. Celui-ci s'occupe de la politique, celui-là de l'étranger, un autre du commerce, un autre de la guerre, un autre des faits-divers, un autre encore de la partie artistique, littéraire et théâtrale. Ce dernier s'intitule critique.

C'est un potentat, il griffe, il rogne, il mord, il adule, il ensence à sa guise; mais fait-il tout cela avec mesure, pas toujours. Les Janin, les Sarcey, Sainte-Beuve, les Pontmartin ont fait école, mais les élèves restent souvent bien loin de leurs devanciers. Le plus grand défaut d'un critique, généralement aujourd'hui, c'est d'être jeun Quand on est jeune, forcément on ignore, et comme il n'est pas permis d'ignorer quand on est critique, en voulant savoir tout ce qu'on ignore on s'expose à dire des sottises.

Dire des sottises ne serait pas de grande importance; ce qui est plus grave, c'est être partial et méchant.

Le critique partial et méchant est celui qui, dans un but intéressé, s'en prend aigrement à des personnalités littéraires ou artistiques et dépasse la limite permise par le bon goût et le tact, vis-à-vis d'hommes, d'intelligences notoirement supérieures.

On peut discuter des idées ou des théories, mais ne jamais essayer d'amoindrir la valeur d'un adversaire.

La critique est toujours libre, toujours permise, mais il faut la faire avec mesure et courtoisie ; sinon on se rend suspect, et il est permis de croire que dans la polémique, on n'a cherché uniquement qu'un retentissement, dû beaucoup plutôt à la personnalité qu'on attaque, qu'à son mérite personnel.

J'ai lu ainsi des critiques acerbes contre Taine, Flaubert, Musset, Lamartine, Hugo et, plus récemment, contre Faguet, Lemaître.

C'est ainsi qu'un Nicolardot jeune a pu s'en prendre à Théophile Gautier et l'appeler ironiquement « *l'impeccable* ».

Ceci ne vient-il pas à l'appui de ma thèse? Qui ne connaît l'auteur d'*Émaux et Camées*, qui saurait seulement le nom de l'autre, si je ne l'avais pas dit.

LA FUTILITÉ

On a de tout temps reproché aux femmes leur futilité. Il n'y a jamais rien eu de trop exagéré dans le jugement porté.

La futilité féminine se traduit de plusieurs manières, puisque la femme pèche par pensées et par actions: elle pèche par pensées en laissant son esprit s'occuper et s'attarder à des sujets qui ne valent guère qu'on s'en soucie : elle pèche par actions en se laissant tenter, sans essayer même de réagir, quand il s'agit d'oripeaux, de toilettes, de modes et que l'envie, cet autre péché mignon, s'en mêle.

Ce n'est pas le procès des femmes que j'entends faire pour l'instant, en ce qui touche la futilité, mais bien celui des hommes qui sont, eux aussi, impardonnablement futiles bien souvent. Je parlais tout à l'heure des femmes coquettes, je m'attaque maintenant aux hommes sérieux, qui prétendent l'être et qui s'escriment à vouloir passer pour tels. L'homme ne devrait avoir qu'un but dans la vie, une seule chose devait lui paraître enviable puisque la vie n'est qu'un éternel désir ; c'est à l'exemple des hommes arrivés par leur seul mérite, jouir d'une réputation bien acquise et bien justifiée.

GRIEFS

J'ai entendu reprocher à certains nobles leur morgue, à certains prêtres ce que l'on peut prendre pour de la sournoiserie, à certains ouvriers leur grandissante arrogance, à certains bourgeois leur suffisance et leur vanité satisfaite. A-t-on raison ? Hum ! quelquefois !

Il est en effet difficile d'admettre que certains nobles vaniteux prétendent se prévaloir de leur naissance pour écraser de leur mépris ceux qu'ils considèrent socialement comme leurs inférieurs. Il est difficile aussi de ne pas trouver bizarre qu'un prêtre, qui circule comme le commun des mortels, en chemin de fer, en autobus, en métro, se croie obligé encore aujourd'hui, parce qu'il a des voisins, à ouvrir son bréviaire et à regarder par-dessus ses lunettes tout ce qui se passe autour de lui, sans pour cela faire cesser le mouvement machinal de ses lèvres marmottantes.

Il est difficile d'admettre que des ouvriers, auxquels on a monté la tête par intérêt, se croient autorisés à toiser les passants qui, comme eux, ne portent pas la cotte et à les salir de leur plâtre, de leur peinture ou de leur graisse, quand ils peuvent les atteindre.

Montrez-vous donc, nobles de race qui savez, qui avez su faire aimer la noblesse.

Montrez-vous donc, vous prêtres réguliers, vous dominicains, qui, par votre franchise, par la largeur de vos idées, par la droiture de votre caractère pouvez encore faire aimer et respecter votre religion.

Montrez-vous donc, vous ouvriers de la vieille école qui, moins imbus de vos droits, et plus soucieux de vos devoirs, saviez, sans déchoir, occuper dignement la place sociale qui vous avait été assignée et dont vous n'avez jamais eu à rougir.

SAVOIR ET MODESTIE

Le principal travers des gens d'intelligence moyenne, c'est de prétendre tout savoir. Ils tranchent dans tout, abordent toutes les questions et souvent les résolvent : donnent sur chaque chose leur avis, ne trouvant d'arguments que dans les lieux communs, souvent même mal appropriés ; ils prouvent ainsi leur ignorance de toute chose ; n'ayant été préparés par l'étude à aucune, ils disent des âneries.

Il est pourtant si simple de ne parler que de ce qu'on sait, de ne traiter que des sujets qu'on connaît, et de se taire, ce qui est la façon la plus loyale, la plus honnête et la plus adroite d'avouer humblement son ignorance pour le reste.

ARROGANCE ET RICHESSE

Le riche n'a pas le droit d'être arrogant; il ne doit être non plus ni vaniteux, ni poseur : mais que n'est-on en droit de penser de celui qui, n'étant pas riche, veut se faire passer pour tel et possède, au degré suprême, tous ces défauts.

On croise pourtant de ces parvenus et ce sont les plus insupportables ; ils ont, ceux-là, un défaut de plus que les autres : la stupidité.

OBLIGATIONS

Avec tous les progrès de la civilisation contemporaine, la vie devient de jour en jour plus compliquée. Malgré cela, on rencontre journellement de ces gens, qui semblent vouloir se créer de nouvelles obligations mondaines. Ils prétendent les imposer aux autres, et très ouvertement blâment ceux, plus pratiques, qui ne veulent pas les suivre et cherchent au contraire à s'y soustraire : il est vrai que nous vivons à une époque de soi-disant liberté où les sectaires sont les maîtres.

LA JEUNESSE ET LA PRATIQUE

Voilà, certes, deux choses qui ne peuvent aller de pair.

On ne saurait, par exemple, incriminer un jeune médecin et lui reprocher son ignorance, quand ce qui lui manque pour guérir est simplement la pratique. La vraie pratique ne s'acquiert en réalité dans aucune école, c'est l'expérience et le temps seuls qui la donnent.

Il en est de même dans mille cas ; et ce que je dis d'un médecin, je le dirai aussi d'un jeune père qui élèvera mieux que l'aîné, les enfants qui lui viendront ensuite ; d'un savant, qui sans cesse a besoin de mûrir sa science ; d'un officier auquel toutes les théories ne sauraient suffire ; d'un littérateur, d'un critique qui a besoin d'apprendre sans cesse, sans pouvoir jamais espérer atteindre à l'universalité des connaissances nécessaires à son métier d'écrivain.

Quel homme peut avoir la présomption de tout savoir, de tout connaître, jamais, et surtout au début de sa carrière.

EN PROVINCE

Je suis Parisien et par conséquent, badaud. Les provinciaux et les provinciales des petites villes sont cancaniers et jaloux; mais ça les amuse, ils se rendent ainsi mutuellement la vie intolérable.

Cela tient à l'étroitesse, je ne dirai pas de leur esprit, car ils ont pu, comme chacun, bénéficier des progrès de la science et de l'instruction et élargir leurs vues, mais plutôt à l'exiguité des lieux dans lesquels se déroulent leur vie provinciale, où les maisons, les quartiers sont trop rapprochés, où l'on vit pour ainsi dire, les uns chez les autres, s'espionnant, ce qui donne une copieuse pâture aux bonnes et surtout aux mauvaises langues.

Ce sont les femmes, je crois, qui sont, en l'occurence, la cause initiale du mal; car, pendant que les hommes, leur travail fini, vont pacifiquement au cabaret faire leur manille ou leur billard, les femmes jacassent, et ne rentrent chez elles que pour expectorer encore, entre voisines plus immédiates, leur bile jalouse, parler de leurs situations respectives, de leurs maisons, de leurs enfants, de leurs bonnes et quelquefois aussi de leurs maris.

Et après, elles s'occupent du dîner.

Qui dit province dit cancans; ce n'est pas là de

la médisance ; je tiens ces propos des provinciales elles-mêmes. On n'est trahi que par les siens.

LA NOBLESSE

La noblesse, belle, grande, glorieuse, chevaleresque d'autrefois, était un des beaux fleurons de la couronne de France, je n'entends pas dire de la Royauté ou de l'Empire, mais uniquement de la France, de la Patrie.

De tout temps l'aristocratie en France a bénéficié d'une particulière estime.

La Révolution n'a été qu'un temps d'exception terrible, pendant lequel des forcenés, assoiffés de besoins, de vengeances, de revendications plus imaginaires que légitimes souvent, ont donné libre cours à leur haine et ont accumulé crimes sur crimes pour satisfaire des rancunes et mériter la honte.

Le calme revenu, la noblesse a repris son rang, auréolée en plus de la couronne de martyr. Aujourd'hui encore, à notre époque de socialisme qui sera peut-être le gouvernement de demain, l'aristocratie jouit encore des privilèges abolis, qui, pour elle, semblent avoir survécus.

Alors on se demande pourquoi cette vieille

noblesse française ne conserve pas jalousement sa vieille gloire, ses vieilles traditions et prostitue ses beaux noms dans des mariages vils.

LES PRISONS

Une des choses les plus choquantes, les plus outrageantes dans l'organisation sociale contemporaine, pour l'opinion publique, c'est le régime des prisons.

C'est un scandale pour les honnêtes gens que de voir de quels égards sont entourés les criminels, par les faux humanitaristes chargés de réprimer leurs méfaits.

La clémence qu'on affecte pour les gredins n'est qu'un encouragement au crime; car ils ne voient dans cette clémence qu'une faiblesse et une crainte, qui ne font qu'augmenter leur témérité et leur orgueil; ils s'imaginent que la société les ménage, parce qu'elle les redoute et leur arrogance grandit. La publicité qu'on donne aussi à leurs faits et gestes n'est pas non plus la moindre cause de la recrudescence de leurs exploits.

N'est-il pas honteux que des criminels, des escrocs, des cambrioleurs, des anarchistes, des récidivistes invétérés, soient envoyés, hébergés, nourris, couchés, blanchis, baignés, soignés à Fresnes, pour ne citer que cette prison modèle.

On a là englouti des millions, pour recueillir des malandrins aux frais de l'État, qui est impuissant à secourir dans les temps de chômage d'honnêtes travailleurs, s'épuisant sans pouvoir gagner de quoi nourrir leur nichée.

Et les soldats, et les casernes?...

DETTE PAYÉE

Quiconque, coupable, a payé sa dette à la société en vertu d'un jugement exécuté, devrait être dans la suite à l'abri des chicanes, des ennuis et des vexations: la loi le veut, c'est vrai, mais la malignité publique ne l'entend pas ainsi, et ne veut rien savoir ouvertement de la loi.

Un Baïhaut, par exemple, victime de sa seule franchise, qui seul a avoué, et par conséquent seul a été condamné, devra éternellement rester le coupable d'antan, sali toujours, même et surtout par des complices qui, plus heureux que lui, ont pu s'échapper en passant à travers les mailles du filet. C'est la logique populaire qui le veut ainsi.

Friser le Code, telle est la grande préoccupation d'escrocs, d'escarpes, de bandits intelligents, qui savent que, s'ils ne tombent pas de façon trop absolue, sous le coup de la loi, ils pourront jouir d'une fortune volée, narguer l'opinion publique et étaler impunément une richesse frauduleusement acquise.

LA LOI CRUELLE

La loi a quelquefois d'inimaginables cruautés. Un assassin, un bandit, si féroce soit-il, est pris ; si, par malheur pour lui, la foule s'en mêle, il est tiré, arraché, lynché, jusqu'à ce qu'arrive la police qui le protège, l'escorte, le soigne et le conduise au cachot. Là, on le soigne, on le dorlotte, on le guérit. Vient le jour du jugement, il comparaît en Cour d'assises et si son avocat n'a pas su le rendre innocent, en faisant pleurer l'auditoire et les jurés, on le condamne et on le guillotine.

Il faut donc être en pleine santé corporelle, pour avoir la tête tranchée ; c'est bien plus humain que de laisser mourir un malade ou un moribond.

PRODUCTION LITTÉRAIRE

Les différents livres qu'on lit et qu'on relit à différents âges se revêtent de formes différentes.

Tel ouvrage qui vous a ravi quand vous aviez vingt ans, vous semble insipide quand on en a quarante, et inversement, telle œuvre qu'on goûte, qu'on apprécie à quarante ans, vous avait laissé très froid, alors que vous n'en aviez que vingt.

La raison très simple de cet apparent phénomène réside seulement dans l'évolution de l'esprit.

Certains ouvrages plaisent aux différentes époques de la vie. La jeunesse y cherche et y découvre une excitation cérébrale qu'elle ne rencontre exclusivement que dans certains passages, s'adressant aux sens ; tout le reste, la beauté du style, l'élévation de la pensée, la profondeur, la sincérité, passe inaperçu et n'est bien compris, apprécié, goûté que par l'âge mûr. C'est ainsi que les véritables chefs-d'œuvre n'ont pas vieilli et ne vieilliront jamais. De quinze à vingt ans, on lit *Daphnis et Chloé* avec une avidité perverse ; à quarante ans, on savoure le gracieux livre de Longus et d'Amyot, pour ses véritables mérites.

LES RELIGIEUSES

Un des plus grands inconvénients de la loi de séparation de l'Église et de l'État a été de priver les hôpitaux du service des religieuses. Quand souffle la tempête, elle renverse tout sur son passage, le bon et le mauvais, l'utile et le nuisible, sans compter, sans égards, aveuglément.

Le bon et l'utile, la chose n'a jamais été contestée par les intéressés, c'étaient au chevet des malades, ces femmes, libres d'elles-mêmes, patientes, dévouées, qu'étaient les sœurs, auprès desquelles les médecins ou les opérateurs trouvaient des aides précieuses et un intelligent dévouement à toute épreuve.

Qu'avait-on à reprocher aux sœurs gardes-malades ? Rien que leur affinité spirituelle avec le clergé qu'on voulait abattre, et elles furent abattues du même coup. La haine, le sectarisme, une fois de plus, furent vainqueurs.

La politique, en l'occurence, fit encore des siennes, alors qu'elle n'aurait jamais dû intervenir dans cet ordre d'idées. Seulement les loups hurlaient et la majorité hurla avec les loups.

On remplaça les sœurs par des infirmières laïques ; on eut la prétention de demander à des femmes, appartenant au monde, à des mères de famille, un dévouement sans bornes, une attention et une force morale sans limite pour des malheureux, pour des malades, pour des moribonds, pour des étrangers ; quand ces mêmes femmes, ces mêmes mères, sont susceptibles d'avoir à leur propre foyer, ou un mari, ou des parents, ou des enfants à soigner : ce n'est pas humain qu'exiger pareille chose, et les infirmières laïques sont excusables dans leurs défaillances.

A quelles raisons a-t-on encore obéi pour faire cette substitution ? Encore aux exigences de la politique ; on peut bien le dire, puisque cela n'est un mystère pour personne. On avait des créatures à caser, de nouveaux fonctionnaires féminins à faire vivre, pour satisfaire aux demandes des électeurs influents, avec lesquels sont toujours obligés de compter les nombreux et successifs potentats qui nous gouvernent sous le nom de députés, sénateurs, ministres.

Les choses vont changer, paraît-il ; on va revenir aux anciens errements, à la demande expresse des intéressés. On a fini par s'apercevoir que les inconvénients, qu'on avait découverts à l'état d'exception du côté religieux, étaient une monstrueuse généralité du côté laïque.

LES USAGES

Le Français a longtemps passé pour le peuple le plus poli de la terre, le plus courtois, le plus élégant. Cette réputation était due surtout à l'influence de la noblesse qui, à elle seule à peu près, constituait la classe élégante et riche.

Les temps ont changé : la noblesse est toujours restée le refuge de la vieille tradition, mais la classe riche s'est considérablement accrue, en dehors de la noblesse. Des fortunes, aussi colossales que rapides, se sont édifiées dans le commerce et l'industrie ; et de belles situations au point de vue mondain ont été accessibles à quantité de gens, que rien, en dehors de l'argent, ne semblait indiquer pour les occuper.

L'argent, ce dieu du jour, a le privilège d'ouvrir toutes les portes, mais il ne donne pas l'éducation, la courtoisie, la politesse, la connaissance des usages à ceux qui se croient, par leur fortune, autorisés à aller de pair avec les gens bien élevés.

C'est sans doute à cette catégorie d'individus que pensait déjà La Fontaine, quand il disait :

> Jamais un lourdaud, quoi qu'il fasse,
> Ne saurait passer pour galant.

La politesse native est donc longtemps restée une sorte de privilège presque exclusif à l'aristocratie.

Pourquoi celle-ci tend-elle à perdre peu à peu ses avantages ; pourquoi une fusion semble-t-elle s'opérer, qui permet à la noblesse de l'argent d'empiéter sur l'antique noblesse, non pas pour l'imiter, mais pour créer une attitude nouvelle, mitigée, qui tient un juste milieu entre l'ancienne civilité classique et la quasi-grossièreté actuelle.

La raison peut en être dans l'abus des sports. Ce que l'on gagne en muscles on le perd en cerveau : la grâce féminine s'affaiblit et se perd dans des exercices comme le tennis,par exemple ; le jeune homme ne voit plus dans la jeune fille qu'une partenaire ; il s'habitue peu à peu à la traiter en camarade et cavalièrement, et il lui est difficile de changer d'attitude, en quittant le cours pour pénétrer dans un salon.

La fusion des classes répond à un besoin de notre civilisation contemporaine ; mais pourquoi ne pas essayer de faire prévaloir la bonne tenue, la politesse, la courtoisie qui, malgré l'étiquette républicaine, conserveraient à la société française tout son ancien prestige.

LA GALERIE

En dehors de la question architecture, ameublement, théâtre, la galerie joue un rôle considérable dans la société contemporaine.

La galerie, c'est l'assemblage, la réunion de tous les curieux, de tous les gogos, de tous les naïfs, de tous les oisifs, de tous les parvenus, de tous les inutiles qui, dans tout pays qui se respecte, constituent la société.

C'est pour la galerie que les hommes plastronnent et font les jolis cœurs ; que les femmes sont impudemment et impudiquement coquettes ; que les époux, qui ont cessé de se plaire, continuent à se faire des mamours ; que les capons prennent des airs de bravaches ; que les représentants du peuple parlent contre leur pensée ; que les orateurs populaires professent leurs doctrines dans les réunions publiques ; que l'ignorant fait étalage d'une science hypothétique ; que le nouveau promu exhibe orgueilleusement ses galons et fait traîner son sabre ; que le nabab vaniteux lègue ses collections à l'État ; que le puissant qui commande fait pivoter ses subalternes ; que l'apprenti apache imite, en les exagérant, les hauts faits de ses devanciers.

VENTE A CRÉDIT

La vente à crédit, telle qu'on la pratique aujourd'hui, sous le couvert de la philanthropie, cache une flagrante immoralité.

Vente à crédit avec facilité de paiement, rien à payer de suite, trois francs, cinq francs, dix francs par mois, pour une valeur de plusieurs centaines de francs, et crédit de longue durée ; n'est-ce pas alléchant cela, et on marche, et on s'endette.

Si encore cette vente ne devait comprendre que des objets de première nécessité, le procédé serait admissible, mais en offrant au peuple des pianos, des phonographes, des suspensions, des mandolines, on l'incite à la dépense inutile, et on développe en lui l'idée du luxe, on lui apprend à avoir besoin du superflu.

Ceux qui ont inauguré ce nouveau mode de transactions avaient bien moins en vue la pensée de satisfaire une clientèle besogneuse et intéressante, que l'idée d'augmenter leurs chiffres d'affaires par n'importe quel moyen.

Les bénéfices ont pour eux été tels qu'ils ont fait école, et qu'on peut dire aujourd'hui que tout se vend à crédit.

Le risque du commerçant est à peu près nul, car

il a pris ses précautions; il peut exercer des poursuites et, en cas de non-paiement, il rentre en possession de son bien.

Il n'y a donc qu'une victime possible, c'est celui que, dans le langage courant, on appelle la *poire;* et quoique peu intéressante, puisque vaniteuse, c'est la poire qu'il faudrait pouvoir défendre contre elle-même.

LA DIGNITÉ

Il ne faut pas confondre dignité et orgueil. Personne ne doit être orgueilleux, il est nécessaire à tout le monde d'être digne.

La dignité est peut-être la seule qualité que puissent posséder concurremment le riche et le pauvre, l'humble et l'opulent.

La dignité est chez l'individu un don naturel qui ne s'acquiert pas.

On n'apprend pas plus à avoir une attitude digne, qu'on n'apprend à être honnête ou bien portant.

Avec de la dignité, le riche fait oublier sa richesse et désarme l'envie.

Le pauvre, si malheureux soit-il, peut avoir de la dignité, sans vaine humilité et sans bassesse. C'est ne pas avoir conscience de sa dignité, que frayer avec des gens de situation inférieure ou vulgaire, dans le seul but de les dominer.

RIVALITÉ

La rivalité est, sous une forme en apparence anodine, l'expression de la pure jalousie.

Elle s'exerce de nations à nations, de pays à pays, de villes à villes, d'administrations à administrations, de métiers à métiers ; elle se subdivise encore, comme si elle répondait à un réel besoin de l'âme humaine et elle apparaît entre fonctionnaires, entre bureaux, entre ateliers, entre ouvriers.

Chacun veut avoir le pas sur son voisin. Un peintre est supérieur à un maçon, une modiste plus artiste qu'une couturière, un correspondant plus utile qu'un comptable, et M. Lebureau bien plus fort qu'un ministre, ce qui, du reste, est incontestablement vrai.

Mais ce qui est vrai surtout, c'est qu'on a tort de vouloir ainsi toujours hiérarchiser les emplois, les métiers, les talents, les fonctions.

Dans une société tout le monde a sa place, chacun coopère au fonctionnement de la machine, toutes les unités ont leur utilité, aucune ne doit se considérer comme supérieure à l'autre.

Relisez la fable de La Fontaine : *les Membres et l'Estomac.*

LES PROCÉDÉS

Tout le monde sait en quoi consiste la politesse. Ceux qui ne se conforment pas au code des usages admis, des convenances, pèchent plutôt par entêtement que par ignorance, beaucoup même s'en font gloire; mais enfin chacun sait ce que vaut cette bonne tenue réciproque qui facilite et agrémente les relations et qu'on nomme la politesse.

A côté de la politesse dont les principes peuvent s'apprendre, comme on apprend à danser, est une autre chose, qui devrait faire corps avec elle, mais qui ne peut s'acquérir par l'étude, c'est le tact. Le tact est une qualité de l'âme et du cœur qu'on possède d'instinct, mais qu'aucune leçon ne peut vous inculquer. Il en est de la délicatesse comme de la brutalité, c'est naturel.

C'est du tact que découlent les égards et les procédés, ces autres formes que dans certains cas doit prendre la politesse.

Tous ceux qui sont en droit d'en attendre, sont

sensibles aux procédés qu'on a pour eux et aux égards qu'on leur témoigne. Mais comme aujourd'hui ils font défaut on les taxe d'excès; c'est de la superfétation.

On voit traiter les vieillards, comme des jeunes gens, avec désinvolture; et quant aux procédés, quand on y songe, c'est pour les repousser, on s'en affranchit, c'est plus commode.

ESCUSEZ !

Ne trouvez-vous pas que ce simple mot emprunte aujourd'hui un petit air désuet. Beaucoup de nos contemporains, j'en suis sûr, ne l'ont même jamais entendu prononcer.

Pour ceux-là je veux le faire revivre en disant son origine, et l'apparente raison de sa disparition.

Escusez était autrefois une formule de politesse, exclusivement en usage dans la bouche du peuple; les ouvriers, qui, à cette époque, avaient moins d'instruction qu'aujourd'hui, mais par contre un peu plus d'éducation, se servaient de ce mot comme on emploie à présent le mot: *pardon*. Cela voulait dire : Je vous demande pardon de vous avoir dérangé, de passer devant vous, de vous avoir involontairement bousculé; et l'ouvrier esquissait une légère flexion de tout le buste en disant « Escusez » et il portait la main à sa casquette, car, il faut le dire aussi, à cette époque lointaine, l'ouvrier ayant un peu de savoir-vivre savait encore saluer.

Pourquoi disait-il : « Escusez », et non pas « excusez » ? C'était sans doute pour mieux faire saisir son manque de goût pour les sciences et son antipathie pour les x.

Enfin, il témoignait de son éducation et il ne croyait pas déchoir en étant simplement correct en société.

O tempora, o mores ! disait Cicéron : « Que les temps sont changés », dirait Racine. De nos jours, les choses ne se passent plus ainsi. Le progrès est là, il faut le suivre, on ne le suit pas, on voudrait plutôt le précéder, tant on semble avoir hâte de détruire toutes ces anciennes coutumes surannées.

De nos jours, l'ouvrier passe devant vous sans s'excuser, sa dignité à lui le lui défend : tout en vous bousculant, en vous salissant il vous toise ; n'est-il pas ton égal, vil bourgeois ! et si le bourgeois s'offusque et a la hardiesse de se plaindre, c'est l'insulte qu'il reçoit : « Vous pourriez faire un peu attention ! — Ah ! la barbe. — Mais enfin ! — Ah ! ta gueule ! » On n'a plus qu'à se taire : le peuple est roi. Escusez, j'aimais mieux l'autre régime et l'ancienne civilité.

LA PEINE

On n'a rien sans peine. Voilà encore une expression en passe de disparaître, qui de jour en jour prend un air de plus en plus vétuste et quelque peu rococo.

On n'a jamais tant voulu avoir, tant désiré posséder qu'aujourd'hui ; mais la volonté d'obtenir est en raison inverse de la fatigue qu'on doit subir, et du mal qu'il faut se donner pour acquérir. La formule aujourd'hui est celle-ci, beaucoup plus laconique et qui en dénature complètement le sens primitif : « Avoir, sans peine. »

Et l'idée gagne, gagne, fait son chemin, elle atteint toutes les consciences et tous les courages ; personne n'y échappe, toutes les classes de la société en sont imbues, depuis le riche jusqu'au miséreux et plus bas encore de l'échelle, jusqu'au voleur et à l'apache et au bandit. Avoir, c'est-à-dire jouir le plus possible de la vie et de ses attraits avec la somme moindre de mal, voilà le problème.

Chacun le résout à sa façon ; les solutions sont plus ou moins compliquées, mais en général elles sont justes.

Les seules qui ne le soient pas émanent de gens obtus auxquels il reste encore un petit fond de conscience, de scrupule et de courage et qui, pour ne pas compliquer leur existence, s'en tiennent à la routine.

LA PEINE

Il n'était pas rare, autrefois, en traversant les ateliers ou les chantiers, d'y voir déployer une activité fébrile ; chacun payait de sa personne, l'ouvrier se donnait du mal, il obéissait à un devoir de conscience, il voulait, à son patron, en donner pour son salaire. Sur les routes, dans les champs, les chemins et les sillons étaient arrosés de la sueur des travailleurs qui ne regardaient pas à la dépense, ils travaillaient de l'aube à la nuit sans compter et surtout sans se plaindre ; ils disaient couramment que le travail c'était la vie.

Aujourd'hui, les plus courageux ne peuvent même plus déployer leur activité, on le leur défend ; des lois sont intervenues, qui limitent les heures de travail, et qui réduisent à l'inaction ceux-là mêmes qui voudraient gagner davantage.

Peu à peu l'habitude s'en est prise, on travaille moins et on veut moins travailler, et les heures de repos obligatoire, on les passe... où donc, et comment ? Devinez.

Bref, on travaille moins, on dépense plus et on apprend à épargner ses peines.

Il ne faut pas être grand clerc, pour comprendre que ce sont encore les lois politiques faussement humanitaires qui sont cause de tout.

Et on se plaint ! à qui la faute ?

L'ÉTAT BIENFAITEUR

Louis XIV disait : « L'État c'est moi. » Le peuple français dit aujourd'hui : « L'État c'est nous », et comme paraphrase, dans sa mentalité, il ajoute : « Tout ce qui est à l'État étant à nous, nous n'avons qu'à demander, pour obtenir, en attendant que nous n'ayons qu'à prendre sans demander ! » Et de fait, c'est bien ainsi que les choses se passent.

L'État est un banquier donné par la nature ; à tous les malheureux, il doit la nourriture. La preuve, c'est que si, fortuitement, un événement grave se produit, c'est à l'État qu'on s'adresse aussitôt pour en demander, pour en exiger plutôt la réparation.

Les inondations, les tremblements de terre, les éruptions de volcan, les conséquences de grèves, les naufrages, les désastres agricoles ou viticoles ont été autant de raisons invoquées pour obliger l'État à réparer les dommages. Est-il juste de demander à l'État, qui est tout le monde, de subvenir aux besoins, même impérieux de quelques-uns.

L'État n'est riche que des ressources qu'il recueille. Ces ressources où les prend-il? Dans la poche des contribuables. Ces contribuables, qui sont-ils? Vous, nous, tout le monde : donc c'est tout le monde qui paye, à une minorité malheureuse, c'est vrai, la réparation d'un préjudice, dont la majorité n'est pas responsable. Au nom de la solidarité, dit-on; mais la solidarité, tout comme la fraternité, devrait s'exercer individuellement et l'État ne devrait pas avoir à intervenir; qu'on fasse des souscriptions et qu'on veille à ce que les ressources acquises aillent bien à leur destination, ce serait parfait, mais autre chose, c'est de l'abus.

L'État ou plutôt ceux qui le représentent font les grands seigneurs, ils donnent largement, royalement, sans compter, dans l'espoir, chimérique ils le savent bien pourtant, de trouver une reconnaissance personnelle, pour leur facile générosité.

L'ORDRE

Leibnitz a dit : « L'ordre double l'espace. » En s'exprimant ainsi, il y a environ deux cents ans, le brave et optimiste philosophe ne se doutait guère que son axiome prendrait le caractère d'une prophétie, en répondant de nos jours à un besoin absolu. De nos jours, en effet, les habitations sont plus exiguës qu'autrefois ; les grandes et spacieuses pièces qu'on trouve encore dans les antiques demeures ont été remplacées, dans les constructions modernes par des locaux étroits et bas, dans le but d'en pouvoir multiplier le nombre. Dans des pièces de telles dimensions, si l'ordre ne règne pas, on est perdu.

C'est pour répondre encore à ce besoin, qu'un autre homme de génie, dont le nom qu'on ignore méritait aussi de passer à la postérité, a dit : « Une place pour chaque chose,et chaque chose à sa place. »

Avec de tels principes, si les principes pouvaient jamais être appliqués et suivis à la lettre, partout règnerait l'ordre et la propreté dans l'espace ; mais il faut compter avec l'esprit féminin qui dirige, régente, organise et bouleverse les intérieurs. La femme confond aisément ordre avec rangement, rangement avec fantaisie, et fantaisie avec commodité ; pourquoi sa versatilité, en effet, ne s'appliquerait-elle pas aux objets inertes qui l'entourent et qu'elle peut faire mouvoir à son gré, comme par revanche.

Il en résulte ceci : c'est que sous prétexte de mettre de l'ordre, tout est le plus souvent dérangé, qu'on ne sait plus où rien pose ; tandis qu'il est si agréable, et si bon de pouvoir aller les yeux fermés prendre un objet, un livre, à l'endroit où on sait l'avoir mis, pour l'y retrouver au besoin.

L'INSTINCT

L'homme aura beau faire : multiplier ses recherches, réaliser des progrès, faire de merveilleuses découvertes, de géniales inventions, il restera toujours, par certains côtés, inférieur à l'animal, car il lui manquera toujours l'instinct. L'instinct est une force naturelle qu'aucune science ne peut faire acquérir, que seul possède l'animal, et qui donnera toujours à l'animal une supériorité sur l'homme.

L'instinct, que la nature lui a donné, remplace pour l'animal toutes les formules.

C'est l'instinct qui permet à l'animal, à l'état sauvage s'entend, de varier sa nourriture, de l'approprier à son état du moment, et d'éviter ainsi, comme il nous le confierait s'il était plus loquace et moins réservé, d'éviter les maux de tête, d'estomac ou d'entrailles, dont se plaint tant l'humanité.

Et il est supposable que les maladies dont souffrent les animaux domestiques qui nous entourent n'ont d'origine que dans l'alimentation que nous leur imposons, et dans la vie factice de domestication que nous leur faisons subir, ou pour nos besoins ou pour notre agrément.

Aussi, quand je vois l'homme, si justement glorieux de sa nouvelle conquête, s'enivrer d'orgueil, crier victoire, parce qu'il s'imagine s'être grandi et une fois de plus avoir vaincu Dieu, je hausse les épaules et je pense :

L'homme n'est pas plus oiseau qu'il n'est poisson ; que par son intelligence d'homme, sa hardiesse et son génie, il soit arrivé à lutter quelquefois victorieusement avec la nature, c'est un fait évident ; mais qu'il s'imagine l'avoir dominée, l'avoir domptée, l'avoir vaincue, c'est absurde et c'est fou. N'est-ce pas un volontaire aveuglement que n'envisager que le succès, sans tenir aucun compte des revers ! et les victimes ne sont-elles pas là, pantelantes, pour dire de quel prix se paye la témérité ; toutes ces victimes qui s'offrent en holocauste pour le triomphe de la science, qu'on acclame, qu'on encence et puis qu'on enterre et qu'on oublie. Et tout cela, dans quel but avouable ? Quelles raisons l'homme avait-il de s'emparer de l'empire des mers jusque dans ses profondeurs ; quelles raisons avait-il de vouloir s'élever jusqu'aux nues ? Simplement satisfaire son immense vanité. Et quand, enfin, il a réalisé son rêve, que fait-il de son résultat et de son triomphe ? On parlait autrefois de la lutte pour la vie, maintenant c'est la lutte pour la mort qu'on poursuit avec acharnement. Les sous-marins et les torpilleurs ne se perfectionnent, que pour aller de façon plus rapide et plus sûre, porter la mort aux flancs des navires ennemis ; les avions de toutes sortes n'ont qu'un mobile, aller plus haut, plus loin toujours, pour semer de la mitraille. C'est pour atteindre ce but que se déploient tous les courages. Quelle chose splendide que le progrès, en vérité ! Je me garderais bien de contester l'incontestable grandeur de l'aviation au point de vue théorique, mais au point de vue pratique elle est et devrait rester de nulle utilité, et je ne puis me défendre d'en déplorer l'apparente perfection. Que si nous lui devons un jour un avantage, en temps de guerre je ne serais certes pas le dernier à l'acclamer ; mais aujourd'hui, je regrette qu'entre nations civilisées on n'en ait pas pu faire un instrument de paix.

Quel beau geste c'eût été au début, pour un aviateur, en possession d'un moteur suffisamment puissant, si, telle la colombe d'antan, il était allé en pays voisin, porter la branche d'olivier.

LA CAUSE

Qui ne connaît pas cet aphorisme :

« Il n'y a pas d'effet sans cause. »

On le dit, on le cite, on le répète ; mais rarement pour son propre usage, on songe à le mettre en pratique et à rechercher la cause, pour remédier à l'effet.

La chose est simple pourtant le plus souvent. Il faut faire abstraction naturellement, des effets dont les causes échappent, et auxquelles il est impossible de remédier ; mais combien de causes de mal ne sont pas combattues, simplement par insouciance, par inadvertance, par négligence et par paresse.

Une plante meurt de soif en plein été, abreuvez-la ; un enfant pleure, cherchez la cause, découvrez-la ; vous sentez l'odeur du gaz, il y a une fuite quelque part, trouvez-la ; votre chien aboie ou se plaint, ce n'est pas sans raison, cherchez-la ; la vie est intolérable chez vous, votre femme est acariâtre et méchante, corrigez-la ; mais ne vous leurrez pas alors, c'est là peut-être l'unique cas où le plus souvent l'effet soit sans cause et partant sans remède.

TARES PHYSIQUES

L'enfant est sans pitié, chacun sait ça ; au moral et au physique, l'enfant, livré à lui-même, quand il n'est pas arrivé encore à l'âge du discernement, agit selon son tempérament et sa nature, martyrise les animaux et ridiculise les gens.

Ce qui est admissible et pardonnable chez l'enfant avant qu'il ait pu être éduqué, corrigé, instruit, ne l'est pas chez l'adulte ou chez l'homme, que l'expérience seule de la vie devrait avoir mis à l'abri de ces écarts.

L'homme pourtant ne se fait pas faute d'être cruel, et il se moque de ses semblables avec une désinvolture, une inconscience souvent révoltantes.

Qui nous dit que tu n'as pas des tares cachées soigneusement, toi qui baffoues et qui ridiculises ce boiteux, ce bossu, ce grêlé.

A défaut de générosité et de justice, on devrait au moins avoir du raisonnement et se dire que nul n'est à l'abri des accidents physiques, et qu'on peut soi-même un jour devenir ou boiteux, ou bossu, ou grêlé.

Édouard Hervé, qui était affligé de la plus belle des calvities et, qui, pour cause, redoutait les railleries faciles, n'a jamais voulu que, dans son journal *le Soleil*, il fût fait allusion aux tares ou aux défectuosités physiques de ses contemporains.

AVARIE

En dehors de son incontestable valeur littéraire, un grand psychologue, l'éminent écrivain qu'est Brieux, aura eu encore un suprême mérite. C'est lui qui d'un seul mot, a mis les choses au point, a fait substituer l'indulgence et la justice à la sévérité et a permis à un malheureux d'être considéré comme une victime, et non plus comme un paria. Il a moralement pris la défense de l'avarie physique.

Qui se chargera de défendre les avaries morales, et de les réhabiliter ?

Notre société, hypocritement bourgeoise, imbue de principes surannés, n'admet pas qu'on s'écarte des règles qui la régissent.

Une femme ne peut pas, ne doit pas être en même temps fille et mère ; combien pourtant compte-t-on de filles-mères ; celles-là sont des tarées ; elles sont les avariées morales de la société, on les repousse, on les rejette.

Elles et leurs petits sont les rebuts de la soi-disant civilisation.

Entre une gueuse légitimement mariée et une honnête et probre fille-mère, il n'y a place pour aucune indulgence.

L'une est admise et respectée, l'autre est honnie.

A LACÉDÉMONE

Un des travers les plus marquants qu'on puisse reprocher aux enfants et aux jeunes gens d'aujourd'hui, c'est leur manque d'égards, leur impolitesse, leur grossièreté vis-à-vis des grandes personnes, des femmes et des vieillards. La cause en est moins à eux qu'à l'éducation reçue, ou plutôt qu'on ne leur a pas donnée.

Un des grands points de l'éducation à Lacédémone consistait à inculquer à l'enfant, dès le plus jeune âge, l'idée du respect et du devoir dans la société.

Mais au xxe siècle les programmes sont tellement chargés... les instituteurs ont tellement à faire, ils sont si peu payés...

LE SOUCI D'UN PÈRE

Le gros souci d'un père, dont le fils commence à sentir pousser ses ailes, c'est la femme !

Il veut être prévoyant, et pour qu'une seule n'accapare pas le cœur de son enfant, dans le feu du premier emportement ne lui fasse pas gâcher sa vie au début, il lui conseille d'avoir plusieurs maîtresses.

Le conseil est-il bon ? Je ne sais ! Mais n'y a-t-il pas là une singulière antinomie entre le précepte qu'on donne au débutant dans la vie, et le devoir social auquel devra se courber plus tard l'homme qui n'aura droit légitimement qu'à une seule épouse..... à la fois.

Un sage a dit que les conseils étaient faits pour être donnés, et non pour être suivis.

A tous les âges de la vie on lui donne raison : on se venge ainsi des conventions.

L'ÉCRITURE

Avant que, théoriquement, l'instruction ait été rendue obligatoire, on entendait dire souvent : apprendre aux enfants à lire, à écrire et à compter, c'est tout ce qu'il faut pour se débrouiller dans la vie ; et ça a été vrai pour quantité de gens pendant plusieurs générations. A notre époque, on ne se contente plus guère en général, d'une instruction aussi sommaire, et sauf de rares exceptions, ceux qui savent lire, écrire et compter ont en outre d'autres notions.

Mais parmi toutes ces données, qui constituent en quelque sorte le bagage intellectuel de celui ou de celle qui sait ou qui prétend savoir quelque chose, il n'y en a peut-être pas de plus démonstratif que l'écriture. Quiconque sait tenir une plume, peut avoir ou n'avoir pas ce qu'on est convenu d'appeler une belle écriture, et on entend par là une régularité plus ou moins parfaite dans le tracé des lettres et des mots : ceci est le plus souvent une question de tempérament, de caractère, où la graphologie trouve la source de ses investigations. Mais il y en a d'autres, il y a des écritures innomables, on se demande d'où elles sortent, et quand elles émanent d'une main qu'on peut croire jolie, parce qu'elle est joliment gantée, la seule idée qui vienne à l'esprit, c'est de croire qu'elles ont été tracées par une cuisinière parvenue, en rupture de fourneaux. Enfants, mesdemoiselles, mesdames, surtout mesdames, soignez votre écriture, si vous voulez qu'on soit fier de vous, qu'on vous estime et qu'on vous aime.

CORRUPTION

Notre époque est-elle corrompue? Ne parlons pas des mœurs; n'envisageons la question que sous le rapport de la conscience. L'affirmer, c'est passer pour un boudeur ou un puritain; le nier, c'est être un aveugle ou un imbécile.

Avant d'arriver à la corruption complète, celui qui doit en être atteint commence par éprouver ce qu'on pourrait appeler la paralysie de l'indépendance; c'est l'acheminement, et à cette maladie-là, personne n'échappe.

Les ministres, les sénateurs, les députés, les magistrats, les juges, les jurés, les fonctionnaires, en un mot tous ceux qui détiennent un pouvoir, sont sujets à la contracter.

Nul n'est indépendant ni ne peut l'être aujourd'hui; trop de circonstances concourent, dans la vie, pour, d'une part, obtenir et conserver des situations acquises le plus souvent par l'intrigue, bien plus que par le mérite, et pour, d'autre part, rendre des services ou dispenser des faveurs, en vue d'obligations futures.

De temps en temps, mais simplement pour donner le change à l'opinion, on voit, on constate un réveil de scrupule, d'indépendance, d'équité, de justice, mais alors le plus souvent, c'est une victime qu'on immole, en la personne du malheureux qui s'est fait prendre en flagrant délit, qui a été maladroit ou qui n'a pas offert assez, et dont les protections ne sont pas assez puissantes, pour entraver l'action civile ou judiciaire.

Bien loin de moi l'idée de faire de l'absolu, mais j'en appelle aux gens intègres, et je leur demande à quelles difficultés ils n'ont pas été en butte, lorsqu'ils ont été obligés de refuser leur appui ou leur protection en vue d'une faveur imméritée ou d'un passe-droit.

LE PLAISIR DE SALIR

L'ouvrier est en progrès à tous les points de vue. Il était humble, modeste, tolérant, courageux, serviable, poli autrefois ; il est, grâce à l'éducation qu'on lui a donné, arrogant, vaniteux, sévère, paresseux, égoïste et grossier. Ce n'est pas à lui qu'il faut s'en prendre, mais à ceux qui, dans leur seul intérêt, ont déterminé chez lui, ce complet revirement. En est-il plus heureux ? Car ce serait là un appréciable résultat, et ses éducateurs mériteraient des éloges, mais ce n'est pas le cas ; non, on ne saurait être heureux, quand on passe son temps à distiller de la haine, et c'est ce que fait de nos jours l'ouvrier pacifique du bon vieux temps. Tout ce qui n'est pas ouvrier, est l'ennemi pour l'ouvrier, et le bourgeois, le pauvre bourgeois est en quelque sorte sa bête noire. C'est sur lui surtout que l'ouvrier se venge de l'état d'infériorité, où socialement il se croit parce que par métier, il est encore obligé de porter la cotte et la blouse. Il s'en venge le plus souvent qu'il peut en prenant un malin plaisir à salir les passants, à les couvrir ou de plâtre, ou d'huile, ou de cambouis.

ENFANTS MAL ÉLEVÉS

Mal élever ses enfants, négliger leur éducation, c'est prendre une responsabilité sociale ; c'est concourir à l'abaissement du niveau de la société.

L'enfant mal élevé éprouve, en grandissant, un impérieux besoin d'exercer des représailles ; ses premières victimes sont ses propres parents ; il s'en moque, s'en détache, puis les déteste, puis les hait : tout sentiment d'affection de famille s'éteint en lui, et ainsi équipé il prend son vol par le monde.

Combien de crimes n'a-t-on pas à imputer à cette mauvaise éducation première.

Pourquoi faut-il que les exemples de réelle affection, de piété filiale soient si rares, qu'on soit obligé de les signaler et de les récompenser quand on les rencontre.

INDÉPENDANCE

On rencontre encore quelquefois, de par le monde, des natures un peu altières, indépendantes, que rebute le joug, si doux soit-il. Elles ne veulent s'astreindre à aucune règle, et n'aspirent qu'à vivre leur vie, quelle qu'elle puisse être, heureuse, malheureuse peut-être, mais sans entraves, sans guide, sans conseils, sans rien qui vienne les contrecarrer dans leurs idées, dans leurs aspirations et dans leur amour profond de la liberté. Ces natures-là, il ne faut ni les combattre, on ne les vaincrait jamais, ni les blesser, ni les blâmer. Ce sont quelquefois des natures d'élite qui se refusent à laisser leurs épaules supporter le fardeau des conventions, et qui à leurs risques et périls préfèrent s'en affranchir.

N'y a-t-il pas quelque noblesse, à dire par avance adieu au relatif bonheur qu'on obtient, par une vie socialement bien réglée et bien ordonnancée de rond-de-cuir ; à refuser de s'atrophier dans l'inaction quand la nature humaine commande d'agir ; à ne se soucier ni de rentes, ni de retraites achetées au prix de l'esclavage et de lutter pour la vie sans défaillir, soutenu par l'idée d'indépendance qui prime tout et que n'étouffe même pas le spectre de la misère.

VOCATIONS

On nomme vocation le mouvement intérieur vers lequel un être, un individu est appelé par sa nature. La vocation n'est pas la résultante d'un désir, d'un calcul ou même d'une aspiration, elle est indépendante de toute volonté. On ne cherche pas une vocation, on ne la trouve pas : on l'a, ou on ne l'a pas; si on l'a, elle se révèlera et, quoi qu'il arrive, le plus souvent après des luttes, elle triomphera. C'est ainsi que, de tout temps, les choses se sont passées ; c'est grâce à la vocation, qu'à toutes les époques, dans tous les pays, on compte et on a compté des génies, et souvent des martyrs. C'est à tort qu'on se sert de cette expression : chercher sa vocation ; on cherche sa voie tout au plus, quand on n'est pas fixé, et qu'on veut être ou maçon, ou bureaucrate, ou serrurier, ou épicier, ou avocat ; on a vu des gens chercher leur voie toute leur vie, tâter l'un après l'autre tous les métiers, et mourir sans avoir trouvé celui auquel ils pouvaient convenir. Car aucun état ne peut convenir, à quiconque aucun état ne doit plaire.

La vocation n'est donc assimilable à aucun métier; au métier elle emprunte la théorie et la forme quelquefois, mais c'est pour atteindre à la perfection dont elle a besoin pour se parfaire au point de vue technique.

Dans certains cas, la vocation implique une idée de sacrifice ; tels les prêtres, les missionnaires, les savants, les soldats qui, pour l'idée qui les inspire et les fait agir, font abandon de leur individualité et remplissent surhumainement leur devoir.

C'est la vocation qui guide le prêtre convaincu dans l'accomplissement si souvent ingrat de son sacerdoce. C'est la vocation qui permet au savant scrupuleux de passer ses jours et ses veilles à la recherche des problèmes dont la solution doit apporter un peu de bien à l'humanité.

C'est la vocation (assez rare, il est vrai, de nos jours, puisque l'expression le métier des armes est passée dans le langage courant), c'est la vocation qui pousse et qui a poussé certains soldats à devenir ces capitaines illustres, dont le nom appartient à l'histoire.

Il faut avoir la vocation aussi pour être artiste, lutter pour le triomphe de son idée, à quelque revers qu'on doive se heurter, n'ayant comme unique soutien que la perspective d'une statue quand, mort, on aura cessé de porter ombrage à des rivaux.

Le poète peut avoir aussi sa vocation ; mais lui, c'est un être à part, c'est un rêveur, un inutile, on le plaisante, on le bafoue.

Pourquoi cependant être si dur et si sévère ; pourquoi dénier au poète le droit de vivre à sa guise, sa vie souvent faite de misère et de privations ; il vit son art, comme tout autre pourtant, ne demandant, comme l'oiseau, que d'avoir la liberté de chanter, de vivre à peu près et de mourir.

D'autres font de la musique, peignent, sculptent, construisent ; lui, il chante, qu'on le laisse chanter.

LE BON DIEU

Le bon Dieu perd de jour en jour du terrain, son prestige s'évanouit, sa toute-puissance est contestée. Ceux qui veulent bien condescendre à s'occuper un peu de lui encore ne le font que pour le prier d'intervenir quand ils ont besoin de lui demander un service. «Mon Dieu» est dans toutes les bouches, même les plus irréligieuses, ce n'est plus une invocation, c'est une formule. A-t-on besoin de la santé pour soi ou les siens, veut-on faire fortune, se débarrasser d'un ennemi, réussir dans une entreprise, avoir ou n'avoir pas d'enfant, plaire à qui vous plaît, ne pas être trahi ou pouvoir impunément trahir les autres, rester éternellement et fémininement jeune, etc., etc. c'est indifféremment au bon Dieu qu'on demande tout cela. On met le bon Dieu à toutes les sauces.

INCONSÉQUENCE

Pour qui veut se donner la peine d'ouvrir les yeux, et de scruter un peu les actes de nos contemporains, même les plus illustres, il n'est pas difficile de constater des contradictions entre leurs théories, leurs conseils, leurs paroles et leurs actes. Plus l'exemple vient de haut, plus il est frappant.

Le public a donc été singulièrement surpris quand il a su que M. Clemenceau, celui-là même qui, suivant les occasions, passe tantôt d'un côté de la barricade, tantôt de l'autre côté, était allé, de préférence, demander leurs soins à des religieuses de la rue Bizet, plutôt qu'à des infirmières laïques.

Mais après tout, il n'y a peut-être pas lieu de le critiquer ; peut-être verrons-nous un jour le grand tombeur de ministères, le tigre comme on l'appelle, s'ériger en sauveur et demander le rétablissement des religieuses dans les hôpitaux : car le tigre, après tout, peut n'être pas ingrat.

Ceci tendrait à prouver combien il est ridicule de professer des théories d'absolutisme qui, fatalement, sont condamnées à devenir des contradictions, quand les situations ont changé. En politique, les exemples sont d'autant plus marquants que ceux qui se rendent coupables de ces contradictions occupent une situation plus haute.

N'a-t-on pas encore entendu, à la tribune, un autre personnage dire qu'il changeait son fusil d'épaule !

Dans la vie privée, fréquents sont les exemples de ces changements de front.

Les ouvriers n'ont pas assez d'injures pour stigmatiser leurs patrons, leurs singes, comme ils disent ; mais que font-ils, que disent-ils, que pensent-ils quand les circonstances leur permettent de devenir singes à leur tour.

CHACUN DANS SA SPHÈRE

Quiconque veut, par ambition, par orgueil, par vanité, sortir de sa sphère court au-devant de déconvenues.

La plante qu'on sort d'une serre dont la température est appropriée à son état, pour la transporter dans une atmosphère délétère, végète et meurt.

L'oiseau, que la nature a créé pour vivre en liberté, et qu'on met en cage, pâtit, languit et meurt.

L'abeille, qu'on voudrait astreindre à ne butiner que dans un champ clos et couvert, ne tarderait pas à mourir.

La plante naît et se vivifie à l'air, elle s'épanouit sous les chauds rayons du soleil, transplantée dans un terrain qui ne lui est pas propice, elle souffre et ne tarde pas à mourir.

Les mouches elles-mêmes, les ennemies du genre humain, les plus belles comme les plus hideuses, ne peuvent vivre que dans leur élément, qu'on les en sorte, elles crèvent.

C'est là une loi universelle, chacun dans sa sphère, chacun dans son élément.

Il n'y a guère, je crois, dans la nature, que l'homme qui puisse pécher par présomption, mais aussi, il ne s'en prive guère.

La plupart des maux physiques ou moraux dont se plaint l'humanité n'ont pas d'autre origine, d'autres raisons. On parle quelquefois de la salubrité, on se plaint de la mauvaise hygiène des villes, les malheureux préfets de la Seine ou d'ailleurs, n'ont pas assez d'oreilles pour entendre toutes les récriminations de leurs administrés : il faudrait ceci ; il est urgent de faire cela ; en fait, on n'a jamais tant dépensé qu'aujourd'hui pour remédier au mal, et jamais, quoi qu'on fasse, on n'arrivera à satisfaire l'opinion, parce que les desiderata sont et seront sans cesse renouvelés.

Je connais un vieux, très vieux Parisien : il est robuste, s'est toujours bien porté. Il ne peut supporter l'air de la campagne et, quand il y va, c'est pour en revenir malade. Allez donc lui dire du mal de Paris et de son insalubrité à celui-là, vous entendrez ce qu'il vous répondra.

FRAUDEURS

Je crois qu'on a raison, quand on affirme qu'en France tout individu est fraudeur.

Exception peut être faite pour une petite partie du million de fonctionnaires, qui vivent aux dépens de la société et qui craignent, étant découverts fraudant, de perdre du coup leur sinécure. Ils affichent des airs de droiture, de loyauté et de scrupule. Ils ne fraudent qu'à bon escient, lorsqu'ils sont sûrs de l'impunité.

En général, on fraude, voilà le fait : on fraude ou par malice, ou par vantardise, ou par besoin. La fraude est la contre-partie d'une charge qu'on veut éviter, qui s'appelle de plusieurs noms ; impôt ou droits de douane et d'octroi, ou taxes, ou primes.

En ce qui concerne l'État, il semble que ce dernier prenne plaisir à exciter le génie inventif des fraudeurs. Il ne se passe guère d'années, presque de mois, qu'en vertu du besoin constant de ressources, une loi nouvelle n'intervienne et soit promulguée, frappant d'un impôt nouveau une industrie naissante, ou n'augmente les charges existant déjà sur les successions ou sur les propriétés, ou sur ce qu'on appelle le capital. Les charges augmentent, ainsi qu'augmentent les besoins ; c'est là la raison, je dirai presque l'excuse de la fraude ; car on n'arrivera jamais à faire comprendre à ceux qui fraudent, qu'ils ont tort de récupérer illégalement ce qu'ils considèrent qu'on leur vole.

NOTIONS ÉLÉMENTAIRES

Autrefois, ce qu'on appelait l'instruction primaire consistait à donner aux enfants des notions élémentaires sur toute espèce de choses. C'était le rudiment. Les notions essentielles et principales d'histoire, de géographie, de calcul, de sciences et c'était tout.

Aujourd'hui, c'est vieux jeu : des notions qui doivent faire la base de toute instruction, on n'en parle plus ou si peu ! et on farcit le cerveau d'enfants de huit à dix ans, de connaissances dont ils n'ont que faire à cet âge, on cherche à les obliger à comprendre ce qu'est l'algèbre, la géologie, la cosmographie et tout cela dans l'unique but de se différencier de l'éducation religieuse et trop simplette d'antan, d'une part, et de permettre à des professeurs besogneux, de vendre des manuels, uniquement inventés par eux, pour les aider à vivre avec des salaires insuffisants pour le travail qu'ils fournissent.

TIMORÉ

On croise dans la vie, sans s'en douter souvent, des gens timorés, je veux dire des hommes, des maris qui tout en déambulant font des *apartés :*

« Que va dire ma femme, quand je vais rentrer ? »

« N'ai-je rien oublié dans mes courses, que dirait ma femme ? »

« Voyons un peu, il ne s'agit pas de s'embrouiller dans ses calculs, car tout à l'heure ma femme va me demander des comptes ! »

« Allons, bon ! encore une tache à mon veston et

de la boue à ma culotte ! Qu'est-ce que je vais prendre ! »

« Allons, petit, sois sage, ne te salis pas, ta mère nous attraperait tous les deux. »

Qui n'a deviné ces refrains chez les autres, pour les avoir chantés lui-même ? C'est ainsi que dans tous les actes de la vie, même les plus futiles, l'homme timoré tremble devant sa femme, quand il n'a pas su garder sa place et qu'il s'est laissé dominer.

Doit-on déduire de ces faits que,pour l'homme, la crainte de la femme soit le commencement de la sagesse ?

Que non pas ! Je trouve dégradant pour l'homme cet état d'infériorité dans lequel il semble se complaire, qu'il n'aurait jamais dû laisser s'implanter chez lui, et contre lequel il devrait toujours réagir.

SAVOIR ÊTRE MALADE

Il est un bien sur terre qui, pour n'avoir pas une valeur marchande, domine tous les autres. La richesse, avec tout le bien-être qu'elle donne, le bonheur avec toutes les satisfactions qu'il procure, ne sont rien comparativement à ce bien, qu'on doit mettre au-dessus de tous les autres, et qu'on apprécie cependant beaucoup moins, tant qu'on est bien portant, c'est la santé !

Combien de gens insouciants, négligents, étourdis, ne savent pas apprécier à sa valeur la chance qu'ils ont d'être bien portants. Ils ne s'aperçoivent de leur erreur que si la maladie les empoigne, et ils déplorent alors les imprudences qu'ils ont commises. Sans la santé rien n'existe plus : pour le riche comme pour le pauvre, la vie est sans attraits.

C'est là une science qu'on n'enseigne pas, mais que chacun pourtant devrait pouvoir acquérir : se bien porter. Il faut évidemment faire exception pour les accidents qui peuvent survenir inopinément : quand on dit santé, il faut comprendre l'état normal du corps qu'on doit pouvoir obtenir en observant les plus simples notions d'hygiène.

Et parmi les malades, combien ne savent pas l'être ; car c'est encore une science que savoir être malade ; oui, savoir être malade est une science, c'est d'abord ne pas s'effrayer inutilement d'un malaise, d'un indice quelquefois trompeur : écorchure, saignement de nez, crampe d'estomac, mal de tête, etc., etc.

Il y a là une science à acquérir dès le plus jeune âge et qu'il est facile d'inculquer aux enfants par le raisonnement et la persuasion. L'enfant est naturellement porté à s'effrayer, il pleure à la vue d'une goutte de sang, dont souvent il ignore même la provenance.

Lorsque vous vous sentez un malaise, pourquoi ne pas vous tirer la langue à vous-même, devant une glace, comme vous la montrez au médecin à sa première injonction.

La langue étant simplement épaisse, il ne faut pas s'en effrayer, un peu de repos et de diète peuvent suffire ; avez-vous la langue fortement chargée, alors faites appeler l'homme de l'art, car ce peut être alors l'indice d'une maladie grave qui devra demander des soins spéciaux.

OSTENTATION

Je n'aime pas la façon d'agir de certains riches, qui font sot étalage de leurs richesses. Il leur serait sage d'en jouir avec un peu plus de discrétion, et d'en faire parade avec moins d'ostentation. Ils ne pourraient par là que recueillir souvent des sympathies au lieu d'exciter la jalousie et la convoitise des malheureux.

Le riche doit avoir la pudeur de sa richesse, comme la femme doit avoir la pudeur de sa beauté. La femme honnête et belle montre-t-elle à tout venant toutes les beautés qu'elle possède et que sa dignité, son respect d'elle-même lui disent de tenir pudiquement cachées.

Pour celles qui enfreignent les règles de la convenance et du bon ton, on devrait faire une loi nouvelle, et frapper d'un impôt les signes extérieurs de la beauté. Qu'en pensez-vous, monsieur Caillaux ?

SAVOIR

Nul ne peut tout savoir : on a donc tort, dans une discussion, de vouloir prendre position et souvent d'affirmer, lorsqu'il s'agit d'une question qu'on n'a pas étudiée et dont on ne connaît ni les raisons ni les causes.

On est surpris souvent en discutant, de voir surgir un argument auquel on n'aurait jamais songé et devant lequel, en toute sincérité, il faut s'incliner. On est alors en mauvaise posture, si on s'est laissé prendre en flagrant délit de sottise et d'entêtement : les gens intelligents s'inclinent, mais combien d'autres persistent et s'enferrent.

L'HABITUDE

Il est absolument vrai que l'habitude devient une seconde nature.

L'homme habituellement courageux devient aisément téméraire par habitude ; il n'a plus à un moment donné la notion suffisante du danger, pour discerner où finit le courage et où commence la témérité, c'est tout un pour lui.

Bien des catastrophes n'ont pas d'autre origine, que cette involontaire mentalité de serviteurs dévoués pourtant, qui vont imprudemment jusqu'à oublier leurs responsabilités.

POURBOIRES

La question des pourboires a souvent eu les honneurs de l'actualité. On a souvent cherché, sans y réussir à battre en brèche cette institution que l'Europe n'a plus à nous envier, puisque petit à petit elle a fait son chemin, pour pénétrer partout.

L'origine du pourboire, c'est la vanité humaine. Quiconque recherche la considération d'êtres inférieurs ne l'obtient qu'en payant : rémunérer quelqu'un pour un service rendu est équitable, mais combien de gens donnent simplement pour donner, pour qu'on les remarque, qu'on les connaisse, c'est la vanité seule qui les fait agir. Ceux-là ont gâté le métier de voyageurs, de consommateurs qui pour ne pas passer pour des pleutres sont obligés de majorer inutilement leurs dépenses. On s'en est pris aux patrons qui ne payent pas leur personnel, aurait-il donc fallu, en toute justice, que ce personnel touchât des deux mains. A partir du moment où le patron a vu que son employé était payé par l'étranger, il s'est cru autorisé à supprimer en partie un salaire qui faisait en somme double emploi : car c'est le client qui a commencé.

Le pourboire résistera à tous les assauts qu'on voudra lui faire subir. Supprimez-le, tuez-le, il sera toujours le phénix.

DÉCORATIONS

Qui ne connaît le prestige dont jouissent les décorations ? Aussi tous les gens décorables et souvent même ceux qui ne le sont pas, sont-ils très friants de ces sortes de distinctions. L'État qui, en la personne de M. le Bureau, est très psychologue, table beaucoup sur cette faiblesse humaine, l'exploite à outrance. Il décore qui le demande, de tous les ordres dont il dispose, violet, vert ou tricolore ; ça rapporte toujours un peu.

On se donne à soi-même, semble-t-il, une importance plus grande, en attribuant à des gens qui n'en ont pas, d'imaginaires décorations : « Vous savez, M. Un Tel, un homme très bien ; il est décoré de la Légion d'honneur : et ça frappe toujours l'auditoire.

Vive le panache !

TÉMOINS

S'il est bon de connaître les lois, il est meilleur encore de savoir à l'avance déterminer la portée de ses actes.

Si vous vous trouvez inopinément témoin d'un accident, et que vous ayez constaté ou une brutalité ou une injustice dont a été victime un de vos semblables, poussé seulement par la solidarité vous offrez votre témoignage pour faire rendre justice à qui de droit.

Quelle imprudence ! Vous allez voir à quelles conséquences vous vous exposez, pour avoir donné trop libre cours à votre générosité. Il vous faudra répondre, quelles que soient vos occupations, à l'intempestive convocation d'un monsieur fonctionnaire, qui vous fera faire antichambre d'abord et vous demandera ensuite, sur un ton comminatoire, ce que vous savez de l'accident. Suivant que vous donnerez raison ou tort à la partie qu'il représente, vous serez, ou bien ou mal jugé, et si vous êtes mal jugé, ce n'est ni une, ni deux, ni trois convocations qui vous tiendront quitte de votre imprudence. Ci : dérangements, ennuis, dépenses, et, le plus souvent, aucune reconnaissance de la part de celui que vous avez voulu aider et secourir.

Moralité : *Sauf dans les cas absolument graves*, lorsqu'un accident se produit à votre droite, regardez toujours à gauche.

SANG-FROID

Peu de gens savent se dominer et garder leur sang-froid. Dans une discussion on s'emporte, devant un accident on s'effraie.

Pour y remédier, et c'est nécessaire, il y a toute une étude à faire, toute une éducation à donner dès l'enfance.

Savoir se dominer, c'est conserver toute sa puissance d'action. Garder son sang-froid même dans les événements tragiques, c'est avoir la chance souvent de se sauver soi-même et, plus encore, de pouvoir porter secours à son prochain.

Ce n'est que par le sang-froid qu'on arrive quelquefois à vaincre une femme et à triompher de sa colère.

LE MOT « DIEU »

Plus loin je dis[1] que le mot « Dieu » avait eu les honneurs d'une discussion politique, le jour où l'on s'aperçut qu'il froissait les opinions du pays tout entier, en s'étalant étroitement sur la tranche des pièces de monnaie.

Un autre exemple, plus ridicule encore, a été donné par des monomanes en mal d'athéisme, le jour où ils demandèrent que ce mot, qui semblait une bravade au régime républicain, fût supprimé de tous les livres de classe où, jusque-là, on l'avait imprudemment toléré.

Et les fables de La Fontaine furent expurgées. Et

1. Voir Érostrate.

l'on fit apprendre aux enfants les vers du fabuliste ainsi retouchés :

Petit poisson deviendra grand
Pourvu que l'on lui prête vie.

C'était beaucoup plus beau, j'en conviens, beaucoup plus euphonique aussi et puis, La Fontaine n'était plus là pour réclamer : un ministre de l'Instruction publique approuva, mais un autre ministère survint qui fit rétablir le texte ; c'est peut-être la seule fois, depuis qu'on est en République, qu'une crise ministérielle ait eu une conséquence heureuse.

DE LA RIME

Une des caractéristiques les plus remarquables de la poésie française, est incontestablement la rime ; aussi, n'est-ce pas sans une certaine stupéfaction, qu'on a vu des ambitieux en quête de réclame, incapables de se créer une originalité, affecter un suprême dédain, pour tout le merveilleux qui avait été fait avant eux. Certains se sont ingéniés pour trouver du nouveau, à s'en prendre à la rime qui les gêne, dût périr, par cette suppression, la poésie française tout entière.

La poésie telle qu'elle existe, avec toutes les règles qui la régissent, avec tous les exemples impeccables que nous ont donnés nos grands génies français, la poésie française, dis-je, est une arche sainte à laquelle nul n'a le droit de toucher ; son rythme, sa mesure, sa cadence, sa rime, sont ce qui constitue son charme et sa beauté. Ceux qui le tentent sont des malades ou des impuissants ou des ignorants.

MON, MA, MES

Pronoms possessifs, dit la grammaire. Ces mots ne doivent donc servir que pour indiquer la possession certaine, immédiate, individuelle. On dit mon mouchoir, ma canne, mon chapeau, mes gants.

Pourquoi se sert-on de ces mêmes mots en parlant d'objets qui ne sont pas personnels ?

Souvent par orgueil, par vanité, par égoïsme.

Tout le monde connaît l'histoire de cette bonne de curé, qui, dans l'exercice de ses fonctions, disait au début de sa domesticité : « Les poules de M. le Curé » ; peu après elle disait : « Nos poules », et puis ce furent « Mes poules ».

Les exemples sont fréquents dans le monde, de cette façon d'envisager les choses. C'est une habitude qui s'implante, qui prend racine, principalement chez les gens mal élevés.

Qui n'a entendu certaines mégères, pour lesquelles un mari dans le ménage n'est qu'un instrument querelleur et gênant, dire : « Ma maison, mes meubles, mon chez moi », et tout cela avec emphase. Je trouve cela déplacé et du dernier mauvais goût, d'autant plus que la grammaire met encore à notre disposition d'autres pronoms possessifs pluriels, « notre, nos », qui ont leur place tout indiquée, quand il s'agit de déterminer la possession de la collectivité et surtout du ménage, où le mari, que diantre, peut bien tout de même occuper une petite place.

CHOIX D'UN CONCIERGE

Quand on quitte un domicile et qu'on doit en élire un nouveau, il est bon de choisir le concierge entre les mains duquel on va remettre sa destinée.

A moins d'être très physionomiste, le caractère vous échappe et puis, il en est des concierges comme des autres humains, on est souvent trompé par les apparences ; mais ce qui ne trompe pas, c'est l'âge.

Choisissez donc un concierge bien mûr, ni trop jeune, ni trop vieux.

Trop jeune, il a souvent, après les fatigues, le sommeil très lourd.

Trop vieux, l'oreille est dure, et s'il est près de sa mort, il dort. Si alors, vous rentrez à une heure indue, n'entendant pas la sonnette, il vous laissera coucher dehors.

FRONDEUR

Le Français a le caractère frondeur; il éprouve une satisfaction, une réelle jouissance à se mettre en rébellion contre tout ce qui pour lui représente une autorité.

Quand la vanité s'en mêle, le frondeur ne connaît plus de bornes, et il se révolte contre l'autorité, qui le brisera, c'est fatal.

Nombreux sont les exemples de petits potentats momentanés, qui, après s'être mis en rébellion, ont été obligés de baisser pavillon et de mettre les pouces.

L'illustre Pataud, le roi de la lumière, après avoir, à son gré, en tant que chef du mouvement gréviste, fait la clarté et l'obscurité, s'est vu obligé, un jour, de prendre la fuite, pour échapper à la prison.

N'a-t-il pas été obligé, résidant en Belgique, de

s'humilier devant les chefs de son pays et de demander un sauf-conduit pour rentrer en France et assister à l'enterrement de son enfant.

Le non moins célèbre Marcellin Albert, après avoir mis toute sa région vinicole en révolte contre l'autorité, n'a-t-il pas été obligé de désarmer, pour être en plus, dans la suite, repoussé par ceux-là mêmes dont il s'était fait l'apôtre et le défenseur.

Le même sort attend le très illustre M. Cochon, qui jusqu'ici, presque sans accrocs, a réussi à se faire une réclame sans doute électorale, sur le dos des malheureux sans-logis. Il parle en maître, Paris lui appartient; les musées, les châteaux, les places publiques sont à lui, il en dispose au gré de sa fantaisie, en faveur de ses protégés ; mais en France comme en Italie, il y a une Roche Tarpéienne et un Capitole.

Il faut être fort de son droit, bien mesurer où il commence et où il finit, le faire triompher par tous les moyens loyaux dont on dispose, mais n'aller jamais au delà.

LES JUIFS

Pourquoi crier sans cesse, « à bas les Juifs », et les englober tous, dans une même et unique réprobation.

Les catholiques, pris en bloc, valent-ils mieux? n'ont-ils jamais fait œuvre de sectarisme!

En toute équité, il faut avouer qu'il y a de par le monde une catholicité juive, tout comme il y a une juiverie catholique.

ABUS DES SPORTS

Depuis quelques années, on abuse singulièrement des sports. C'est la revanche de la pauvre et simplette gymnastique du temps jadis, que les garçons pratiquaient peu et mal, et qu'on laissait ignorer presque complètement aux filles. De ce fait, la femme a toujours été extrêmement gauche dans les exercices du corps! Elle ne sait ni monter ni descendre d'une voiture ou d'un train, sans risquer de se rompre le cou; elle ne sait pas se servir de ses mains comme arme défensive; elle est incapable d'allonger le bras pour souffleter un insulteur.

Mais les temps sont changés, les femmes sont en bonne voie pour regagner le temps perdu.

Le tennis, le polo, le golf, le football n'ont plus de secrets pour elles, et le gros avantage qu'elles en tireront, quand elles auront cessé d'exercer, c'est qu'il leur en restera une agilité, une légèreté, une souplesse, qu'elles ne soupçonnaient pas pouvoir acquérir.

Elle leur permettra de se garer en temps voulu, et de circuler sans trop de risques au milieu des vélos, des autos, des taxis et autres engins de mort qui sillonnent aujourd'hui les rues, au grand dam des malheureux piétons.

POUR DOMINER

Un grand travers commun aux gens d'une intelligence au-dessous de la moyenne, c'est le penchant qu'ils ont, à rechercher la société de ceux qui leur sont encore inférieurs par la situation, par l'éducation, par l'instruction.

Ce qu'ils veulent avant tout, c'est dominer, et c'est le seul moyen à leur portée, pour réaliser leur rêve ou satisfaire leur ambition.

S'ils se relèvent ainsi à leurs propres yeux, c'est donc qu'ils se rendent compte de leur infériorité; alors pourquoi n'essayent-ils pas de s'élever, en recherchant, de préférence, le commerce de ceux qui, par leur éducation et leur savoir, pourraient les aider à sortir du milieu si bas, où ils semblent prendre plaisir à croupir.

LE ROND DE CUIR

On a pris l'habitude de surnommer ainsi l'employé souvent besogneux, qui remplit scrupuleusement des fonctions ingrates à lui imparties, par la vaste, coûteuse et nécessaire organisation du fonctionnarisme.

Pour beaucoup, le rond de cuir est un parasite, un être méticuleux et embêtant, auquel on ne craint pas de faire subir toutes les avanies, d'infliger tous les affronts ; c'est un être inoffensif : il est muselé !

Et que diriez-vous, monsieur ou madame, si cet être inoffensif, ce muselé, comme vous dites, se rebiffait un jour sous vos sarcasmes, et vous disait : « Vous m'attaquez parce que vous savez que je ne puis vous répondre, que ma situation, que je tiens à conserver s'y oppose, vous usez du privilège que vous donne votre qualité de client, pour être grossier volontairement avec moi, qui suis contraint d'être quand même poli avec vous, il y a dans votre conduite plus que de l'inconscience, il y a de la lâcheté. »

PROPHÈTE

Chacun sait pour en avoir amèrement ressenti les effets, et l'avoir souvent déploré, que nul n'est prophète dans son pays.

Les personnes les plus caractérisées pour donner un conseil amical et désintéressé sont supplantées par un étranger, auquel on fait la confiance qu'on refuse aux siens.

Un père n'a pas toujours sur son enfant l'autorité qu'il souhaiterait, et cet enfant va prendre conseil auprès d'un galopin de son âge qui, on ne saurait dire pourquoi, a pris sur lui un ascendant.

Une femme n'écoutera pas les conseils de son mari et se conformera aux avis des étrangers.

C'est là une loi universelle que ne transgressent guère que les honnêtes gens, ceux qu'on appelle les routiniers ou les rétrogrades.

LA CHRONIQUE DU BIEN

Il y a une quarantaine d'années, à l'époque où les journaux quotidiens s'imprimaient sur deux feuilles seulement, ce qui suffisait amplement à renseigner le public, à le tenir au courant de ce qu'il devait savoir, à l'exclusion de tant de choses inutiles dont on lui farcit la tête aujourd'hui, pour satisfaire de multiples intérêts ; à cette époque, un journal consacrait journellement quelques lignes à ce qu'il intitulait « la Chronique du bien ». Oh ! c'était d'une lecture très saine, on y relatait tous les actes d'honnêteté ou de dévouement susceptibles de servir d'exemples.

Les actes les plus puérils avaient leur saveur ; et cela plaisait aux âmes simples, moins corrompues qu'au temps présent ; c'est que le progrès a permis à la conscience de s'émanciper un peu aujourd'hui.

A force de s'émanciper, la conscience est devenue très large, en voici un exemple :

M. Jean, ouvrier, se rendant à son travail, trouve un matin, sur la voie publique, un sac. Il le porte chez le commissaire de police, où l'étourdi et légitime propriétaire peut rentrer en possession de son bien. Le sac contenait des bijoux et de l'argent pour une valeur de 10.000 francs. Cet acte de probité méritait une récompense et l'heureux propriétaire offre 500 francs à l'honnête ouvrier.

Celui-ci raconte l'histoire à de jeunes camarades d'atelier qui le plaisantent, le bafouent et lui reprochent ironiquement sa bêtise ;

« Faut-il que tu aies été « poire », tout de même,

quand il t'aurait été si facile de t'approprier tout le butin. »

M. Jean a des principes, il est vieux, il assure être plus heureux d'avoir, bien à lui, 500 francs honnêtement gagnés, que de passer vis-à-vis de lui-même pour un voleur.

Mais combien voit-on de nos jours de gens tarés qui vivent, et ma foi très bien aux yeux de tous, sans scrupule et sans conscience, regrettant seulement de ne pas rencontrer assez de « poires » à exploiter.

TENTATION

L'enfant est instinctivement gourmand. Est-il véritablement responsable, quand il se laisse aller à sa gourmandise et qu'il devient voleur, en s'appropriant une sucrerie ou un gâteau, mis, semble-t-il, aux étalages en plein vent, pour aiguiser sa convoitise.

Je serais assez porté à plaider l'indulgence. Plus coupables sont ces voleurs ou ces voleuses, hommes ou femmes, qui se laissent irrésistiblement tenter dans les magasins, et qui dérobent des objets de fantaisie et mille futilités dont ils n'ont pas besoin, mais qui pour eux ont d'autant plus d'attrait que le nombre en est plus grand.

La raison d'être de ces somptueux et multiples étalages dans les magasins, c'est précisément la tentation qu'ils doivent exercer sur la clientèle, en la poussant aux achats. Je n'excuse pas les voleurs, mais je suis bien tenté de blâmer les tentateurs.

C'EST POUR LE COMMERCE!

La lutte pour la vie intéresse, non seulement les individus, en particulier, mais les collectivités qu'on appelle le commerce ou l'industrie.

La concurrence incite tel commerçant à chercher toujours du nouveau, pour attirer chez lui la clientèle du voisin.

Tous les moyens pour y parvenir sont-ils également bons ?

Il en est qui, à mon sens, devraient été publiquement blâmés.

Certains patrons choisissent, de façon toute spéciale, les vendeuses qui doivent tenir leurs comptoirs ; ils les choisissent jolies, élégantes, bien tournées, souriantes et gaies dans l'unique but de plaire aux visiteurs et, par là même, de faire plus facilement écouler leur marchandise.

Il arrive souvent que l'acheteur devient très assidu et que, après avoir fait de multiples emplettes, il finit par prendre, en outre, la vendeuse.

Mais cela importe peu au marchand ; il la remplace et tout est dit.

N'y a-t-il pas là une immoralité flagrante de la part de celui qui agit ainsi par calcul, et qui pense que tous les moyens pour réussir sont également bons, même les pires.

HUMILITÉ ET ORGUEIL

Il ne faut pas plus être humilié de son infériorité, qu'enorgueilli de sa supériorité.

On est toujours inférieur ou supérieur à quelqu'un.

Être inférieur, c'est avoir la latitude de monter, de se grandir :

Être supérieur c'est pouvoir se donner à soi-même la très douce satisfaction, la jouissance, d'être modeste et humble avec les humbles ; et c'est avoir en outre la possibilité, l'espoir de grandir encore, mais sans toutefois dépasser Dieu.

EXEMPLE DES PARENTS

Les parents ont de tous temps eu un énorme travers, c'est de se donner en exemple à leurs enfants. Dans le but de stimuler leur zèle, de les corriger de leurs défauts, ils se décernent à eux-mêmes des brevets d'intelligence, d'obéissance, de franchise, de sagesse ; à les entendre, il n'y avait de leur temps, de premières places ou de prix que pour eux, nul n'était aussi docile, aussi travailleur, aussi ponctuel qu'eux, et ils ajoutent en soupirant : *quantum mutatus*.

Mais aujourd'hui, les enfants sont doués d'une surprenante précocité. On a développé à outrance et prématurément leur intellect, ils en profitent ; de nos jours, ils ne sont plus dupes de toutes ces allégations et, pour être francs, de tous ces mensonges. Dans le langage courant en usage maintenant dans leur milieu, ils disent *in petto* : « Ça, c'est du chiqué. »

EN COLÈRE

La colère est un mouvement désordonné de l'âme qu'il est difficile de réprimer.

Les colères sont, suivant les tempéraments et selon les circonstances, plus ou moins fréquentes, plus ou moins longues. S'il est difficile d'éviter ou de faire avorter la colère, il est facile souvent de la réduire et de la calmer ; le plus sûr moyen pour arriver à ce résultat, c'est de ne pas tenir tête à l'individu en colère.

J'ai toujours admiré le fin psychologue qu'était ce brave curé de campagne auquel une paroissienne se plaignait de son mari ; souvent il rentrait ivre à la maison, se mettait en colère et la battait, sans motif, disait-elle !

« Le moyen de changer ça est bien simple, dit le curé : quand votre mari rentrera, avant toute autre chose, mettez-vous une gorgée d'eau dans la bouche, que vous garderez le plus longtemps possible avant de l'avaler. »

CONTRE LE MENSONGE

Frapper les enfants pour les corriger du mensonge est un procédé absurde et inhumain.

Espérer les amener ainsi à la franchise est une erreur profonde ; on ne fait que développer chez l'enfant la dissimulation, car il se dit : Si j'ai été battu cette fois, c'est que je n'ai pas su mentir assez bien, j'essaierai de faire mieux à l'avenir.

A part les natures absolument rebelles, et il y en a moins qu'on ne croit, la douceur et la persuasion, la bonté, l'indulgence sont les meilleurs remèdes à employer, contre cet instinctif besoin qu'ont les enfants de mentir pour dissimuler les sottises qu'ils ont faites, et qu'ils sont les premiers à reconnaître. Le mensonge est pour eux alors l'unique planche de salut et ils s'y cramponnent souvent dans la crainte seule d'une trop sévère punition.

LA CONFESSION

Presque tous les Papes qui ont succédé à saint Pierre ont signalé leur passage ou par une institution nouvelle, ou par un dogme, ou par une innovation.

Peut-être en verra-t-on un, un beau jour, abolir la confession. La chose ne serait pas absolument nouvelle, puisqu'elle a déjà été abolie et rétablie plusieurs fois, dans les différentes formes qu'elle a empruntées depuis son institution.

La confession auriculaire, telle qu'elle se pratique depuis l'an 1215, semble, au xxe siècle, un véritable anachronisme. Le temps a marché, tout a évolué, les mœurs et les consciences, et une semblable institution ne cadre plus guère avec l'état des esprits.

Les prêtres ont pendant des siècles bénéficié d'une conventionnelle faveur ; l'état ecclésiastique les mettait au-dessus des autres hommes; jeunes ou vieux, ils étaient inaccessibles aux turpitudes, aux faiblesses, aux tentations humaines ; il a fallu l'aveugle croyance de toute la catholicité pour que cette faveur durât si longtemps. Mais de nos jours, avec les esprits que les progrès, la science, se sont chargé d'éclairer et d'ouvrir, la confession est devenue presque immorale et elle aura le sort du célibat des prêtres.

La première institution a été inventée et s'est perpétuée, parce qu'il y avait urgence dans la mainmise sur les consciences ; la seconde semble avoir été créée, pour donner aux prêtres tous les avantages de l'union matrimoniale, sans avoir à en redouter les multiples inconvénients.

LE CHOIX D'UNE CARRIÈRE

Il n'est pas rare d'entendre des parents chargés de famille tenir ce langage :

Plus tard, Paul sera militaire, Pierre sera avocat, Jean sera médecin, et de Laurent, nous ferons un curé.

Et l'on dirige chacun vers les études,les concours et les diplômes qui doivent leur ouvrir les portes qu'on leur a, à l'avance, assignées pour entrer dans la vie.

Paul n'a pas le goût et fait un détestable militaire; Pierre n'est pas débrouillard et fait un mauvais avocat ; Jean n'a pas de vocation et fait un piètre médecin : il n'y a que Laurent qui réussit, parce que pour être curé...

Les parents sont criminels, qui tombent dans une aussi grave inconscience.

Dans chaque enfant, il y a un germe à développer, un indice rarement trompeur d'une disposition, d'un goût, d'une vocation qu'il s'agit de découvrir, d'encourager, d'aider, d'accroître, pour en faire le point de départ essentiel, dans le choix d'une carrière.

La vie est assez difficile, qui le sera davantage encore plus tard, pour qu'on cherche à cultiver les dispositions naturelles d'un enfant, au lieu de lui imposer une volonté.

VERTUEUX

Exalter sa propre vertu est une inconséquence, quand on est réellement vertueux ; mais quand on n'a aucune raison de ne pas l'être, cela devient choquant.

La vertu consiste à lutter, puis à triompher après l'effort.

Celui qui peut être vertueux sans lutte n'a aucun mérite.

Pourquoi se prévaloir de ne pas pécher, si l'on n'a ni tentation ni appétit.

LA NATURE EN RÉVOLTE

L'orgueil de l'homme est incommensurable. Tous les progrès qu'il a su réaliser, par ses inventions, par ses découvertes, en font, à ses propres yeux, l'égal d'un Dieu ; son ambition n'a pas de limite, sa vanité l'aveugle, il veut tout dompter, rien ne doit lui résister, il se croit maître souverain, sa force commande, les éléments eux-mêmes doivent obéir.

Si la nature de temps à autres se révolte, c'est à

peine si l'homme feint de s'en apercevoir, et il ne désespère pas d'arriver à conjurer les plus grandes catastrophes : affaire de calcul, tout simplement, de mise au point ! Sa fatuité est sans bornes.

A-t-il pourtant découvert les causes des tremblements de terre, des cyclones, des éruptions de volcans, des inondations et peut-il y remédier ? Il donne à ces faits des explications plus ou moins plausibles et c'est jusque-là seulement que va sa science.

Bien loin d'avoir dompté la nature, il semble même que celle-ci, parfois, se fasse un jeu de retourner contre l'homme les armes qu'il a forgées ; telle, par exemple, cette force inconnue, inanalysée et inanalysable qu'on appelle l'électricité, que l'homme surproduit à outrance et artificiellement, et qui n'étant pas sans doute entièrement dépensée, se concentre, s'accumule et se révèle un jour dans des cataclysmes, qui bouleversent le monde de fond en comble.

Que nous sommes loin de l'époque où Franklin, avec son paratonnerre, mettait modestement son génie au service de la science en essayant, non pas de dompter la nature, mais de protéger l'humanité.

C'est encore sans doute pour montrer à l'homme l'inanité de ses prétentions, que la nature révèle une de ses forces, quand elle fait sortir de leurs lits, fleuves et rivières, et que l'inondation dévastatrice anéantit villes et villages ; et que fait l'homme pour remédier à ces désastres ? Il réunit des commissions qui décident qu'on élèvera des quais dans la traversée des villes ! On a cherché les causes, les a-t-on découvertes, et a-t-on trouvé le moyen d'en éviter le retour ? Non, parce que cela n'est pas humainement possible. Les nappes d'eau souterraines ont toujours existé, existeront, se renouvelleront toujours ; mettront cinquante ans, cent ans à se rejoindre, à s'amorcer et à vider leur trop plein. Tant qu'on n'aura pas mis à sec le réservoir immense qu'est l'océan, il faudra s'attendre et cela sans remède possible à voir se renouveler des catastrophes, comme celle dont Paris a souffert, pendant l'hiver de 1910.

Allons, homme ! allons, savant ! sois fier de tes conquêtes ; mais incline-toi devant cette force invincible que tu ne domineras jamais, dont tu n'arriveras jamais à maîtriser la révolte, qui toujours se jouera de tes efforts, et qu'on appelle : La Nature.

ENCORE SUR LA NATURE

Que de plaintes, que de lamentations on entend partout, que de jérémiades ; de quoi se plaint-on ? de la pluie persistante, quand il faudrait un peu de soleil ; du soleil intensif, quand il faudrait un peu d'eau, de la température, du vent, de l'humidité, de la sécheresse.

On se plaint de tout et toujours ; on n'a jamais vu ça ! C'est vite dit ; mais qu'en savez-vous ? Je crois, moi, que depuis que le monde est monde, tout ce qui se passe sur la terre est un éternel recommencement. Si la statistique n'était pas une science d'invention relativement moderne, elle nous fournirait sur l'antiquité des données propres à nous renseigner et à nous consoler aussi.

A défaut de statistique, je crois bien qu'en consultant les ouvrages et les auteurs de l'antiquité et des temps modernes, on y découvrirait de grandes analogies, avec les faits dont nous nous plaignons. Dans l'œuvre considérable de Cicéron, par exemple, dans Sénèque et, à une époque moins lointaine, dans Saint-Simon, dans Mme de Sévigné, nombreuses sont les remarques qu'on a faites, et les plaintes qu'on a exprimées au sujet du temps ; ce qui peut se résumer par ceci : *Nil novi sub sole.*

Si une aggravation pouvait être signalée, elle devrait être expliquée par ce qu'on est convenu d'appeler le progrès, au point de vue scientifique.

Notre pauvre vieille terre, le pauvre globe, n'est-il pas horriblement tourmenté, mutilé; on semble s'attacher à détruire brusquement tout ce qui, de tout temps, a constitué un équilibre nécessaire au bon fonctionnement de cette immense machine qu'est le monde.

On perce les montagnes; on perfore la terre, pour la fouiller, la voler, la violer jusqu'au plus profond de ses entrailles et lui arracher son charbon ou son or. Pour faire communiquer des mers, on fait sauter des continents; les océans sont sans cesse troublés, dans leurs profondeurs, par des monstres qui les sillonnent en tous sens; l'air lui-même est conquis; et l'homme a pris son essor pour aller porter le trouble dans des sphères inexplorées qui semblaient devoir lui être inaccessibles.

Comment peut-on admettre qu'avec tout cela la nature ne se révolte pas !

LES REVANCHES DE LA NATURE

Plus va le monde, plus grandit la vanité humaine. L'homme, grisé par ses succès, n'a plus de limite pour son ambition, l'univers tout entier lui appartient, il veut le régir, le mener, le dompter.

Dieu,qu'on avait jusqu'ici nommé Dieu,auquel on a attribué une toute-puissance créatrice n'est plus qu'une abstraction ; la science est tout.

Et la science déploie toutes grandes ses ailes.

Elle entre en lutte avec la nature qu'elle veut asservir.

La science construit de gigantesques vaisseaux qui doivent victorieusement lutter contre les éléments déchaînés, et le *Titanic* vient à toute vapeur se briser contre une banquise ! La mer, c'est-à-dire la nature est victorieuse !

La science a perforé la terre en tous sens, on a sorti de ses entrailles tout ce qu'il est possible de convoiter, on lui a dérobé ses mines, son or, ses diamants, ses sources ; un jour elle se révolte, elle tremble, et une fois encore, la nature est victorieuse.

Il prend fantaisie à la nature de faire sortir de leurs lits les fleuves et les rivières ; la science essaie de lutter, mais elle est vaincue.

La science est arrivée, après des siècles d'études et de recherches, à s'emparer du domaine de l'air : ô triomphe ! et la nature d'un souffle, quand il lui plaît, brise les oiseaux, dont elle n'a pas elle-même confectionné les ailes.

Homme ! si puissant, si grand que tu sois devenu, tu peux te grandir encore, mais c'est en accusant ta faiblesse, car tu n'arriveras jamais à dominer Dieu.

LES FEMMES, L'AMOUR
LE MARIAGE

SAVOIR AIMER

Pas d'absolutisme, pas d'intransigeance ! La discussion est ouverte, la controverse s'engage ; les uns sont pour, les autres contre ; qui a tort, qui a raison ? Tout le monde et, personne. On parlemente, on s'échauffe, on se fatigue et, de guerre lasse, on se sépare, sans que nul soit convaincu.

La politique est, je crois, le plus bel exemple qu'on puisse prendre, des discussions stériles ; mais la politique est une mégère qui fourre son nez partout, même dans les questions d'amour (de récents événements nous l'ont encore révélé) et il ne s'agit ici que d'amour, d'amour seul, d'amour tout simplement.

Un poète [1] a donc eu l'audace d'écrire ce vers :

On ne sait plus aimer au siècle ou nous vivons.

On s'est récrié : je veux ici prendre la défense du poète, expliquer l'apparente intransigeance de son assertion. Je répète avec lui : « On ne sait plus aimer ! »

Le mot amour, on le prostitue. D'une idéalité,

1. *Pro domo.*

on essaye de faire une vulgarité, une synonymie avec attachement, penchant, inclination, désir, toquade, sans se rendre compte que l'amour peut être tout cela, mais que, en réalité, il occupe une place à part et qu'il doit n'être que l'amour, sans épithète et sans phrase.

Oh ! les définitions ne manquent pas.

Tous les moralistes, tous les philosophes, tous les écrivains ont donné leur avis sur cette question qui a, sur tant d'autres, le privilège d'intéresser tout le monde, car tout le monde aime, veut aimer et croit savoir aimer.

Quelle conception doit-on se faire de l'amour ?

Cela varie à l'infini selon les caractères, les penchants, les tempéraments, les goûts, les aptitudes des individus.

Les uns aiment avec le cerveau, d'autres avec les sens, d'autres avec le cœur, d'autres encore avec l'esprit ou l'imagination ; d'où ces diverses dénominations, d'amour charnel, d'amour sensuel, d'amour maternel, ou filial, ou platonique, ou divin.

De toutes ces sortes d'amour, la forme sous laquelle on l'envisage le plus communément est sans conteste, je crois, l'amour sensuel et charnel parce que, dans la généralité des cas, amour est synonyme de possession.

Ainsi, et exclusivement compris, l'amour est

dépourvu de tout son idéal, il est réduit à l'état de fonction ; on satisfait la bête.

L'amour tout court est plus que cela ; s'il lui faut pourtant une épithète, qu'on l'appelle amour cordial.

Sous cette forme, il est l'association de deux cœurs qui vivent dans la plus entière, dans la plus complète harmonie, disposés, parce qu'ils se comprennent et se complètent, à toutes les concessions mutuelles, à tous les sacrifices. Cet amour-là n'exclut pas l'amour charnel qui, bien loin de là, est, au contraire, son délicieux complément, mais il est assez puissant pour vivre, pour subsister en dehors de toute idée sensuelle, parce que la réelle affection le domine. Quand on aime avec cet amour-là, les privations de jouissances physiques ne tourmentent pas, la fidélité devient une bagatelle, et de cette particularité, apparaît ce qui distingue, ce qui différencie l'humanité de l'animalité.

En effet, toute idée de luxure abandonne l'esprit de l'amant sincère et vrai, dont l'aimée est absente, ou souffre, ou bien, que pour une inanalysable cause, elle semble s'envelopper toute, dans des voiles de langueur, comme pour se dérober aux ébats amoureux.

Qu'il faille pour le comprendre ainsi, une mentalité particulière, qui devient de plus en plus rare, à notre époque jouisseuse, réaliste et terre à terre, je l'admets ; mais on peut l'avoir, elle se rencontre encore, cette mentalité-là ; il faut pour l'avoir ne pas confondre amour et passion, pas plus qu'on ne doit confondre témérité et courage, honneur et honnêteté, équité et justice, plaisir et bonheur.

Ceux qui prétendent qu'on sait aimer, qu'on n'a jamais su si bien aimer qu'aujourd'hui, sont les jouisseurs de la vie, qui ne voient dans la femme qu'un instrument de plaisir, pour satisfaire leur appétit, assouvir leur convoitise ; ils ne recherchent dans ce qu'ils appellent l'amour, que des sensations, ils ne rêvent que sensualité, et quand l'occasion s'en présente, ils mangent leur blé en herbe.

Quel est pourtant celui qui doit avoir sur l'autre une suprématie : ou de l'amour sensuel et sans idéal, qui vient, qui naît dans le désir, qui meurt dans la possession et qui s'en va, ou de l'autre, de l'amour cordial, qui subsiste, qui résiste à tous les assauts, parce qu'il est fait de sentiment, de respect, et du bonheur qu'on trouve dans la communion parfaite de deux cœurs, de deux âmes identiques et libres.

Oui, libres, libres surtout, car cet amour-là est l'ennemi-né de la convention qu'on heurte à chaque pas, qui couvre de son manteau toutes les institutions, toutes les associations, se résumant dans un unique mot : le mariage. Projeté, mal bâti, mal consommé et si vite boiteux, il semble un oiseau blessé, qui fait mille efforts pour s'échapper de sa prison et retombe impuissant et vaincu entre les parois de sa cage trop étroite.

Le rêve serait que cet amour-là trouvât précisément dans le mariage modifié, transformé, élargi, un refuge, un asile chaud et sûr.

La société tout entière y gagnerait ; l'amour cesserait d'être pour la femme un épouvantail contre la reproduction qu'elle redoute et elle remplirait avec bonheur et normalement son rôle d'amante, d'épouse, de mère.

L'homme ne verrait plus uniquement dans l'amour une raison de jouissances et de plaisirs, et les enfants réapparaîtraient dans des foyers, qui ne seraient plus des bagnes.

SUFFRAGETTES

Nous n'en sommes encore qu'à la période d'incubation ! On a, depuis plusieurs mois, ouvert aux femmes un horizon merveilleux ! On va leur accorder des droits légitimes, qui viendront se greffer sur les droits illicites, que, de toute éternité, elles se sont à elles-mêmes octroyés, qu'elles ont usurpés.

Elles vont être, officiellement, les égales de

l'homme ! Quelle victoire ! quel succès ! quelle revanche ! et déjà elles exultent !

Il faut les voir, par anticipation, s'essayer à user de leurs nouveaux droits, s'exercer déjà à des représailles.

Avez-vous remarqué de quels airs elles toisent dès maintenant les pauvres hommes, qui, demain étant leurs égaux, seront tôt par elles considérés comme des êtres inférieurs.

Ce qui nous sauvera, ce sera l'excès dans lequel, enivrées, elles tomberont, pour s'enlizer dans le ridicule.

Tout homme raisonnable est disposé, sans parti pris, sans arrière-pensée, à voir accorder aux femmes qui le méritent les droits qui leur manquent socialement et qu'elles ont le droit d'exercer ; mais, que diable, n'allez ni si vite ni si loin. Certaines de vous, mesdames, portaient déjà la culotte ; n'ayez pas l'indécence de prendre le caleçon ! Comprenez donc que « *Marseille* » lui-même, plus respectueux que vous, de vos propres charmes, n'osera jamais menacer de ses poings puissants et de ses musculeux biceps, votre blanche et fragile poitrine.

Malgré toutes vos révoltes, vous n'arriverez jamais à triompher, et vous serez toujours et vous redeviendrez la femme, c'est-à-dire l'être plus faible, auquel tout homme digne et droit, doit assistance et protection.

PUDIBONDERIE

La société a de temps à autre des accès de pudibonderie exorbitants ou déplacés, qui la mettent, sans qu'elle semble s'en rendre compte, en complète contradiction avec elle-même.

Un lieu public et de passage ne doit pas être, je veux bien l'admettre, tout spécialement choisi par une nourrice ou une jeune mère pour donner le sein à son enfant ; mais enfin, quand une femme, pour une raison que vous pouvez ignorer, se trouve dans l'obligation d'allaiter son petit, quand elle le fait avec pudeur, c'est-à-dire sans se soucier de ce qui se passe autour d'elle, concentrée toute, dans son devoir maternel, pourquoi voir dans cet acte, dans ce geste, une indécence.

L'histoire ne raconte-t-elle pas qu'une femme, une mère, trouva dans son instinct, la plus gracieuse façon de dissimuler sa nudité, en donnant le sein à l'enfant qu'elle tenait dans ses bras.

C'est là un fait qui devrait trouver grâce devant les esprits les moins indulgents. Pourquoi faut-il justement que ce soient les femmes qui, en l'occurrence, se trouvent le plus outragées !

Ces femmes, je veux dire ces mégères, ne sont-elles pas mille fois plus indécentes, plus choquantes pour la morale, quand, serviles, elles suivent des modes stupides, et qu'effrontément elles s'affublent de vêtements trop étroits,dans l'unique but de faire ressortir toutes leurs formes.

N'outragent-elles pas la morale quand elles portent ostensiblement des chaussettes ou des bas artistement ajourés, qui laissent voir la blancheur de leurs mollets, voire même de leurs cuisses. Et cette grande tenue de gala qui, dans un bal, consiste à parader effrontément au milieu des danseurs, tous voiles dehors, le cou, les épaules, les bras, la gorge découverts, ne cachant que par un fil, le reste qu'on voudrait montrer, mais qu'on n'ose. C'est admis dira-t-on, c'est la mode, convention, soit; mais dans leur tenue ces femmes sont impudiques, et la femme qui nourrit son enfant ne l'est pas.

PASSÉ D'AMOUR

Quand on n'aime plus, tout blesse, tout irrite; un mot, un geste exaspère, et on devient injuste; il n'y a à cela rien à faire : on n'aime plus !

Quand on ne peut ou qu'on ne veut pas se disjoindre, il vaudrait mieux devenir muets, pour éviter un échange de propos blessants, qui ne font que tendre davantage une intolérable situation.

MARIÉE !

L'institution et la consécration du mariage, donnent à la femme une autorité relative, dont elle ne tarde pas à abuser.

Quand la femme est une maîtresse légitimée, la situation devient plus périlleuse encore pour l'homme, pour le mari.

L'ancienne maîtresse devenue épouse, par calcul, de douce, d'attentionnée, de serviable, d'obéissante qu'elle était, se fait presque sans transition, acariatre, exigeante, rebelle. Elle est mariée ! Elle n'est plus la maîtresse de son amant, mais elle entend être la souveraine maîtresse de son mari.

Et il cède ! Pour avoir chez lui, une paix relative, il se livre alors à une femme qu'il ignorait, dans le sein de laquelle couvait à son insu le feu de la querelle, de la contradiction de l'autorité, de la malice, de la ruse.

LA BEAUTÉ

La beauté est une chose absolument relative. Nul

ni rien n'est beau, ne peut être beau de façon certaine pour tout le monde.

Une femme ne peut, ne doit surtout jamais se vanter d'être belle. L'orgueil, la vanité peut l'y inciter; mais (ce qui est rare, presque autant que la beauté même), quand elle est capable de réfléchir, la réflexion devrait lui désiller les yeux.

Pour réaliser l'absolue beauté, les femmes, fussent-elles cent, n'atteindraient encore pas à la suprême perfection, car elles ne savent pas assez prodiguer ce reflet intime de l'âme qu'on appelle la grâce, dont elles sont avares, dont elles ignorent la toute-puissance et qui constitue à elle seule le triomphe de la véritable beauté.

La femme peut être jolie, jolie pour elle-même, jolie pour son miroir, jolie pour le monde, elle peut l'entendre dire et le croire, mais c'est tout; elle n'est que jolie, elle n'est pas belle.

Est-ce à dire qu'une femme ne puisse pas être belle, ce n'est pas ma pensée, elle l'est en effet, et dans tout son éclat; mais seulement aux yeux de celui qui l'aime et qu'elle aime.

Dans ce cas, ce qui fait sa beauté, réside moins dans la régularité des traits, dans l'harmonie de la forme, de la plastique, dans l'exacte et parfaite proportion du corps, que dans l'expression dont l'être tout entier se revêt et s'imprègne, lorsque la physionomie s'anime sous l'impulsion de l'amour et de la passion.

C'est alors que la véritable beauté se révèle, qu'elle s'illumine, qu'elle resplendit, simplement éclairée par de beaux yeux et animée par un sourire.

Femme, pour être belle, il faut savoir aimer.

ENTÊTEMENT

Suivant les besoins de la cause qu'on a à défendre, on donne à un simple terme, une signification, une acception différente.

C'est ainsi que pour une femme, ce qui est entêtement chez tout autre prend pour elle le nom de ténacité, de persévérance.

A part de trop rares exceptions, qui ne se rencontrent que chez les esprits distingués, policés, instruits, la femme a toujours, veut avoir toujours raison. elle n'a de ténacité et de persévérance que dans son entêtement.

LE MARIAGE DANS LE PEUPLE

Dans le peuple, le mariage n'est aujourd'hui qu'une convention, qu'une formalité.

Il y a recours pour bénéficier des avantages qu'on y attache, mais il entend bien s'affranchir des obligations que la loi et que la morale imposent.

L'homme du peuple se marie souvent dans l'unique but de prendre pour lui seul, légitimement, une femme que d'autres convoitent, mais dont il entend bien se débarrasser, quand il en sera fatigué.

Ce n'est là qu'un accouplement, qui ne devrait jamais pouvoir être légalisé par un mariage civil ou sanctifié par l'Église.

EN MÉNAGE

Il est rare de trouver des ménages, j'entends des ménages humains, absolument bien assortis.

La surface sauve le plus souvent les apparences ; mais, au fond, il y a des divergences de vue, des différences de caractère, de goût, d'idées qui rendent pénible la vie des conjoints.

Il faudrait, pour y remédier, de mutuelles concessions, incompatibles avec l'esprit dominateur de chacun des époux.

L'homme est despote, il est le maître, il veut user de son droit, il supporte mal qu'on le lui dispute; mais la femme, plus faible par nature, se refuse à sentir le joug, elle regimbe, et ce qu'elle ne peut obtenir par la force, la ruse le lui procure.

Lorsque le niveau social ou intellectuel est différent entre mari et femme, la sagesse voudrait que celui des deux qui est inférieur à l'autre essayât de s'élever, mais rarement les choses se passent ainsi. On s'entête à rester chacun dans sa sphère, l'un ne voulant pas s'élever, l'autre ne pouvant s'astreindre à un abaissement, et l'antagonisme dure.

LA LIBERTÉ DANS LE MARIAGE

Considérée au point de vue matrimonial, la liberté est une arme à deux tranchants.

Garçon ou fille, on se marie pour être son maître, pour être libre; n'avoir plus sur son dos constamment des parents ennuyeux, qui, sans égards pour votre âge, vous traitent en petits garçons ou en petites filles, et ont la prétention de vous tenir en lisière, jusqu'à la consommation de leur siècle.

Alors on s'évade; on secoue sa crinière, on se marie, on est libre!

Hélas! pas longtemps, car on s'aperçoit vite qu'on a changé son cheval borgne pour un aveugle, et que la liberté si joyeusement acquise, n'est que l'ancien esclavage sous une autre forme et plus pénible encore bien souvent à supporter.

DUPERIE

L'idée émise, que le mariage est une duperie, est très défendable.

Sans envisager la question, dans les pires conséquences qui naissent des affaires d'intérêt ou d'argent, au point de vue simplement superficiel même, le mariage est et doit être une duperie.

Avec l'éducation qu'on a donné à la jeunesse et que la jeunesse se complaît à parfaire toute seule, par les exemples qu'elle a sous les yeux, les jeunes gens et les jeunes filles abordent aujourd'hui le mariage avec des idées très arrêtées.

En ce qui concerne la jeune fille, elle repousse loin d'elle, l'idée de trouver un maître dans un mari. Ce serait là le renversement de toutes ses théories. Un mari doit être aimable, bon, généreux, complaisant, s'occuper de ses affaires et non des affaires de sa femme. La femme doit être indépendante, elle est épouse, soit parce qu'elle ne peut être femme sans cela, mais non esclave : — « Vous voulez ma main, la voici ; mais à telles conditions » ; et dans ces conditions, on se marie : ferait-on pas mieux le plus souvent de rester tranquille, de part et d'autre.

ENCORE DUPERIE

La jeune fille, qui, en se mariant, a la prétention de n'être pas l'esclave de son mari, accepterait très volontiers que son mari fût le sien ; elle s'y applique de son mieux en cherchant à le dominer dès le début de l'union ; elle entre en ménage armée jusqu'aux dents, ayant des idées très arrêtées, devant lesquelles l'homme jeune et amoureux devra infailliblement succomber, s'il n'y prend garde. Que voulez-vous que fasse un homme, devant une jeune femme jolie par nature, aimable par raison, aimante par calcul, et qui se dit que tous les moyens lui seront bons, pour triompher dans l'avenir.

Il est désarmé, il cède à tous les caprices, et le diable est vainqueur.

LE MARIAGE

Pourquoi s'entêter et vouloir prétendre, que l'institution du mariage, ce bel édifice, soit plus que tout autre, à l'abri des ravages du temps.

Les transformations, les évolutions qu'ont subies la vie et les mœurs depuis un siècle seulement ont fortement miné les bases du mariage et la ruine menace. On étaye, on replâtre, on consolide, mais fatalement l'échafaudage croulera ; si le fait ne s'est pas produit encore, c'est par la force de l'habitude.

Telles ces belles constructions, d'apparences robustes encore, qui croulent lamentablement au premier coup de pioche du démolisseur.

On s'aperçoit alors, stupéfait, que tout y était rongé jusqu'aux moelles et que c'est uniquement par un prodige d'équilibre que l'édifice restait debout.

On a eu l'exemple des Cours, puis l'exemple de l'aristocratie ; puis le mal a gagné la bourgeoisie et le peuple. Que faut-il de plus ; tout le monde supporte et tout le monde souffre.

On continue à aller au mariage, par usage, souvent aussi par obligation, beaucoup plus que par attirance et par goût. On s'y résout parce qu'on ne peut encore faire autrement, pour vivre en complète harmonie, avec ce qui constitue le monde, le monde légitimement marié, c'est-à-dire les victimes qui nous ont devancé.

L'union libre, a-t-on dit, est en marche ; qu'on la laisse marcher, et qu'elle triomphe, si elle peut, de la routine.

N'est-il pas possible à d'honnêtes gens, d'édifier un foyer honnête sur d'autres bases que ce que l'Église appelle un sacrement et l'État une formalité.

Le mariage, dans sa forme actuelle, jouit encore d'une considération hypocritement générale, grâce aux grands mots prud'hommesques dont on se complait à l'affubler.

C'est la sauvegarde de la famille !!

Existe-elle donc tellement la famille, dans les intérieurs, et ils sont nombreux, où monsieur tire à huhau, où madame tire à dia, et où les enfants sont livrés à des mains mercenaires ?

Combien voit-on aujourd'hui de jeunes gens, hommes ou femmes, non pas se marier, mais avoir recours au mariage dans l'unique but d'y trouver des avantages qu'ils escomptent ; acquérir dans la société une situation qu'ils imaginent enviable parce qu'ils y supposent des privilèges.

Le garçon devient un maître, un chef.

La fille s'affranchit d'une tutelle pour en subir une autre, mais qu'il lui sera facile de secouer celle-là, elle le sait, quand elle en sentira la gêne et le poids.

L'expression, union libre, beaucoup plus que la chose elle-même, a le don d'effaroucher ; le mot n'a pas d'importance, ce qu'il faut admettre, c'est la nécessité d'une réforme dans l'institution du mariage, et arriver à faire du mot union, le synonyme de bonheur.

PRINCIPES ET PRÉJUGÉS

Voltaire dit quelque part, qu'il ne faut pas mépriser un jour ce qu'on révérait la veille. De nos jours, les préjugés ont vite fait de sabrer une semblable théorie. On salue, on reçoit, on respecte, on considère, on fréquente, ceux qui ont su s'entourer de ce passe-partout, que les Anglais, nos grands pourvoyeurs de mots, appellent la *Respectability*, et on a raison, car ces gens donnent souvent le bon exemple.

Voici donc une famille, le père, la mère et les enfants (je dis bien famille, car ce qui, humainement, constitue la famille en dehors des lois, c'est bien le foyer qui réunit sous le même toit un groupe d'individus unis par les liens du sang). Cette famille a pendant de longues années bénéficié des faveurs de la société, on l'a tenue en considération, on l'a adulée, flattée, parce qu'au point de vue social, on la considérait comme régulière. C'étaient des gens mariés ! Un beau jour, on apprend que ces honnêtes gens d'hier ne sont que des pelés, des galeux ; de leur bonne tenue, de leur bonne conduite, de leur bon exemple, il ne faut plus parler, ils ne sont pas mariés ! Quelle infamie, on les repousse, on les rejette, on les chasse ; on se signe, pour racheter la faute qu'on a commise en les fréquentant !

Autre exemple : un autre ménage est bien réellement, officiellement, régulièrement, légalement uni, tous les sacrements y ont passé. Pour notre belle et honnête société, ce sont des gens mariés, et ils jouissent, de ce fait de la plus universelle considération : pourtant, madame a des amants, monsieur a des maîtresses, tout le monde le sait ; les fils sont des rastas, les filles des quarts de vierges, qu'importe ! ils sont mariés ! on les respecte, c'est là la logique humaine et sociale de l'époque.

Est-ce logique, est-ce humain ? Hélas ! oui, l'un et l'autre, en vertu de ce qu'on est convaincu d'appeler « les principes ».

MENTALITÉ

Bizarre, pour ne pas dire plus, est la mentalité de certaines gens, d'une éducation suffisante pour bien juger et qui jugent mal.

Nombreux sont les exemples, à notre époque où tout se sait, tout se dit, tout se répète, tout se colporte, tout s'exagère, de coquins arrivés au pinacle et de coquines arrivées à la fortune, en partant de ce principe admis aujourd'hui, que, pour parvenir, tous les moyens sont bons, même les pires.

Aussi n'est-ce pas sans une certaine stupéfaction qu'on voit, qu'on entend d'honnêtes gens déplorer d'avoir honnêtement élevé des enfants, des filles, qui restent filles, quand on voit de célèbres coureuses d'aventures, des quarts de mondaines, réussir à se caser, c'est-à-dire à se faire épouser, après avoir gâché des millions, et qui ont la certitude ou l'espérance d'en pouvoir gaspiller d'autres encore.

Que voilà donc un bel exemple, de nature à troubler la scrupuleuse conscience des honnêtes gens.

Or, bijoux, autos, hôtels, millions, quel prestige vous avez sur les faibles cerveaux, pour contrebalancer à leurs yeux, ce vieux produit aujourd'hui démodé, qu'on appelait autrefois : l'honneur.

TENUE DÉCENTE

Sous la Régence, la tenue féminine adoptée fut en raison directe de la dissolution des mœurs.

Les chroniques et les estampes du temps ne laissent rien ignorer de ce qui se passait à cette époque, au sujet des modes.

Les robes de mousseline, de tulle, de dentelle, de gaze étaient pour les femmes la suprême élégance lorsque la beauté naturelle leur permettait de n'avoir rien à dissimuler.

Aujourd'hui, cette tenue extra-légère n'a pas encore ses droits de cité, mais les exhibitions qu'on fait et qu'on tolère dans les music-hall et dans les lieux de plaisirs permettent d'espérer qu'avant peu la licence descendra des tréteaux jusque dans la rue.

Ce qui le laisse bien supposer, c'est l'acheminement qu'on y constate, par la tenue de ville des femmes d'aujourd'hui. Je crois ne rien exagérer en disant qu'elles se déshabillent autant qu'elles le peuvent pour rester civilement décentes. Elles s'attifent ainsi, parce qu'elles éprouvent une intime jouissance à se sentir, à se savoir regardées, admirées, convoitées, et qu'elles supposent qu'on les trouve impudiquement belles ! Et celles qu'on critique ou qu'on blâme laisseraient volontiers entendre que toutes les autres, qui ne suivent pas la mode, en sont empêchées par des tares qu'elles ont à cacher.

L'ORIGINE DE LA BELLE-MÈRE

L'homme ne doit être dans le mariage, ni un ogre, ni un tyran, mais seulement un maître, raisonnable, pondéré, serviable. Ce qu'il doit éviter avant tout c'est de se laisser dominer, ne pas laisser prendre sur lui un ascendant susceptible de lui être pernicieux et préjudiciable.

L'esprit féminin est essentiellement dominateur.

L'homme qui se laisse subjuguer est perdu.

La femme devient pour lui la terreur, il a perdu son libre arbitre ; dans les circonstances les plus futiles, il n'ose prendre une décision, se demandant tout d'abord ce que pensera, ce que dira sa femme, et il hésite, et quand il se décide héroïquement, il a fait la *gaffe*, c'est couru.

C'est évidemment dans cette précoce prédisposition féminine à la domination, qu'il faut chercher l'origine de la belle-mère : pourquoi en effet une femme habituée à tout conduire, à tout régenter, à tout mener, cesserait-elle d'exercer son pouvoir tyrannique en faveur d'un gendre ou d'une belle-fille, quand ceux-ci tombent sous sa coupe.

Cela constitue pour elle une jouissance nouvelle à une époque où, par lassitude, on aurait pu croire ses penchants endormis ; et elle en use.

LA MODE

Tant que la mode a, a eu, ou aura pour raison et pour but d'embellir le genre féminin, on a pu et on pourra lui faire crédit.

Une femme n'est jamais assez belle pour elle-même, elle n'est jamais trop belle pour nous. Qu'elle se ridiculise, par aveuglement, par snobisme, soit encore, mais qu'il nous soit au moins permis de nous récrier. Elle ne nous entendra pas, ne voudra pas se rendre à nos raisons, c'est convenu, parce que la mode est plus parfaite que nous ; mais enfin on peut essayer quand même.

Connaissez-vous quelque chose de plus stupidement ridicule que de boutonner ou d'agrafer des corsages ou des guimpes par derrière ; cela nécessite un ou une intermédiaire dont il est incompréhensible qu'une femme préfère ne pas se passer, pour suivre la mode.

Ce n'est ni plus seyant, ni plus joli, ni plus commode, c'est moins pratique, mais c'est la mode. C'est aussi la mode de ne marcher qu'à pas menus et de choir quand l'occasion s'en présente, ou de porter de hauts talons pour se briser les chevilles par élégance.

DON NATUREL

Madame, vous êtes jolie, vous avez une voix délicieuse, votre taille est bien prise, vous êtes grande, svelte, élégante naturellement : à qui, à quoi devez-vous tous ces avantages, que n'a pas votre voisine ? Vous la ridiculisez, vous la bafouez, vous vous moquez d'elle impitoyablement.

Vous le devez simplement à la nature qui vous a ainsi créée ; vous n'avez donc aucune vanité à tirer de votre état en apparence supérieur, car la nature, un peu moins généreuse, un peu moins prodigue à votre endroit aurait pu tout aussi bien vous faire laide, bègue, bossue et de taille grossière. Soyez donc un peu moins sotte, par pitié, et soyez plus indulgente pour votre égale, car sous sa forme fruste, souvent elle a des qualités que vous ne possédez pas.

MINAUDERIE

Rien n'est ricicule comme une vieille femme qui minaude.

On voit quelquefois des accouplements bizarres de jeunes hommes et de femmes vieilles ; de ce fait souvent légal, ces dernières s'imaginent avoir trouvé dans le mariage une nouvelle jeunesse : elles minaudent, se donnent des petits airs jeunets, dans leurs attitudes, dans leur démarche ; parlent « enfant » et se ridiculisent aux yeux les moins observateurs : les voir agir n'est encore rien, mais il faut les entendre causer, débiter des fadaises ; sortant de bouches édentées, c'est impayable d'horreur.

Un bel exemple de minauderie, je l'ai rencontré un jour en voyage. Dans la voiture que j'occupais, avait pris place un couple. Aux attentions dont l'homme entourait sa compagne, il était aisé de voir que mes voisins étaient nouvellement mariés. L'œil le moins exercé, le moins investigateur ne saurait se tromper à certains mots, à certains signes, à certains gestes : « Comment vous trouvez-vous, ma chérie ? N'avez-vous pas froid aux pieds ? tirez un peu votre couverture ; si vous vous sentez fatiguée, reposez-vous, dormez ; je veille sur vous, mon amie. » Et la femme semble somnoler quelques instants ;

mais bientôt elle ouvre les yeux et dit : « J'ai un peu mal au cœur ! » — Alors le mari, dans le but de rassurer son épouse, lui dit en souriant, d'un air entendu : « Eh quoi ! déjà ? » Et la femme trouve la force de sourire à son tour ! D'un air languissant, dans un soupir, elle répond : « Peut-être ! »

Le mari, je l'ai su après, était né en 1860, et la femme qui, sous ses falbalas, ses oripaux, ses chichis et ses fards, voulait cacher des ans l'irréparable outrage, aurait pu être sa mère ; elle était la contemporaine de la Révolution de juillet. Ce qui ne l'empêcha pas de faire des façons d'enfant gâté et de minauder, pendant toute la durée du voyage.

NOS VEUVES

La statistique est une des sciences les plus merveilleuses qui soient.

Elle nous apprend chaque année des choses qu'on rougirait d'ignorer, et dont il est bon ton de causer dans le monde, dans les plus selects milieux ! La production de la vigne, la récolte des pommes de terre ou des betteraves entre autres choses, par exemple, ne laissent personne indifférent. Elle nous apprend encore combien il y a en France d'étrangers qui, malgré la loi, n'ont pas fait, ne font pas et ne feront pas de déclaration de résidence. Elle nous révèle encore le nombre des filles-mères qui, malgré toutes les lois d'assistance, sont réduites à abandonner leurs petits, quand elles ne les tuent pas; et combien d'autres faits encore très édifiants.

La statistique nous apprend encore autre chose : c'est que les veuves sont beaucoup plus nombreuses que les veufs. A quoi cela tient-il ? Je me garderai bien d'insinuer, n'ayant aucune preuve certaine à donner à l'appui de mon dire, que ce qui fait la longévité des femmes, c'est le soin, la tendresse, la sollicitude dont nous ne cessons de les entourer; pas plus que je ne voudrais laisser croire que notre disparition prématurée soit uniquement due aux mauvais traitements, à la malveillance, à l'acrimonie minante de nos épouses. Je me contente de signaler le fait ; la statistique dit que les femmes vivent plus longtemps que les hommes, et elle ajoute même je crois bien que, passé un certain âge, les femmes ne peuvent plus mourir que par accident : peut-être dépasse-t-elle la mesure, mais passons !

Le fait est là, nous sommes morts, elles sont vivantes : qu'arrive-t-il ? L'usage veut qu'elles se lamentent, mais l'usage veut aussi que, grâce à une complexion plus forte, grâce à une force de résistance plus grande dans la douleur, elles finissent par réagir, par se consoler, par se dominer, par se résoudre enfin, à vivre, *enfin seules*.De tous temps, les choses se sont ainsi passées. Faut-il pour vous en convaincre, que je vous rappelle l'histoire d'Artemise, la reine de Carie? La voici. C'est un peu ancien, mais non sans saveur :

En l'an 355 avant Jésus-Christ, Artemise perdit son mari, Mausole, elle était inconsolable (c'était la formule déjà), elle lui fit élever un superbe monument, qui fut du reste mis au nombre des sept merveilles du monde. Pour donner à la postérité une preuve plus grande de son attachement et de ses regrets, elle délaya par petites parties les cendres de son époux, incinéré, les avala, lui faisant ainsi un tombeau de son propre corps. N'est-ce pas édifiant! Avis à nos veuves.

HAINE FÉMININE

La haine est un des sentiments contre lesquels il est le plus difficile de réagir.

Pour réagir, il faudrait avoir de la grandeur d'âme, les gens haineux n'en ont pas.

Selon les raisons qui inspirent la haine, la tâche est rendue plus ou moins facile pour la vaincre.

La haine entre femmes est indestructible ; elle survit même à la mort.

La haine la plus indélébile entre femmes prend naissance dans l'amour, dans la rivalité, dans l'orgueil, dans la jalousie.

Une femme qui se croit belle, et qui est supplantée dans son amour par une rivale, à son sens, moins belle qu'elle, la hait, mais moins pour son succès, que pour la beauté qu'elle lui refuse ; et, par réciprocité, la haine de la rivale pour l'autre s'alimente davantage dans l'infériorité physique et victorieuse qu'on lui prête que dans l'amour où elle triomphe.

LA PEAU

Quelles raisons peuvent avoir les femmes de montrer outrageusement leur peau, été comme hiver. En été, c'est la nature dans toute sa splendeur qui s'étale; en hiver, ces dames sont quelquefois prudentes, et pour continuer à donner l'illusion dans la rue, elles se garantissent du froid, en se garnissant la poitrine d'étoffes couleur chair.

Pourquoi? c'est uniquement pour satisfaire un besoin de perversion, et pour aguicher les passants. Le vice est très bien porté à notre époque : c'est presque une élégance.

Et ce n'est un mystère pour personne, que l'élégance envahit toutes les classes féminines de la société.

A toutes les époques, les pudibonds se sont élevés, ont vitupéré contre le décolletage, outré. Il y a des nus qui sont chastes, il y a des demi-nus qui sont indécents ; seulement le nu n'est à la portée que de quelques privilégiées, tandis que le demi-nu est accessible à beaucoup ; ce sont ces dernières les plus enragées.

SUR LES PARFUMS

La nature est la grande dispensatrice des parfums.

L'homme qui sait tout, veut tout, fait tout, touche à tout, capte tout, a capté le parfum des fleurs comme le reste. Cela a dégénéré en abus. Le bas commerce et la petite industrie s'en sont mêlés et ce qui coûte trop cher à obtenir avec des produits naturels, on le demande à la chimie qui vous donne à prix réduit les parfums les plus exquis.

De là vient l'abus, il faut à notre belle époque de démocratie et d'égalité que tout soit à la portée de tous.

On fait donc abus des parfums ; on en met et on s'en met partout.

Les hommes eux-mêmes, en font quelquefois un usage abusif, au risque de passer pour des efféminés ; que leur importe, cela doit plaire aux dames.

Si le parfum devait recevoir un asile autre que les fleurs pour lesquelles il a été créé, c'est évidemment sur la femme qu'il devrait trouver un refuge, mais encore faut-il que la femme soit intelligente, agréable, belle et puisse mériter l'éloge, qu'un vil flatteur lui a adressé en faisant d'elle la plus belle des fleurs de la création. Il est admis que la femme se parfume.

Mais pourquoi ne pas avoir un peu de scepticisme à ce sujet. Pourquoi l'usage excessif du parfum serait-il différencié de l'usage des pommades et des onguents qui servent, chacun sait ça, à cacher ou à atténuer les rides, à dissimuler les défauts physiques ou le travail des ans.

Pourquoi ce qui est vérité en deça serait-il erreur au dela, et pourquoi ne serait-il pas permis de croire que la femme qui se parfume outrageusement ne cherche pas à paralyser, à atténuer une mauvaise odeur naturelle qu'elle sait avoir.

Je serais assez porté à croire que Plaute avait raison quand il disait :

Mulier recte olet ubi nihil olet.

(Une femme sent bon quand elle ne sent rien.)

UN ART DIFFICILE

Savoir être vieille est un art extrêmement difficile à acquérir pour une femme.

D'abord, en cela, il n'y a pas de maître pour les initier, et y en eut-il, qu'elles se refuseraient opiniâtrément à suivre leurs préceptes.

Savoir être vieille, c'est se rendre compte tout d'abord qu'on a vieilli, c'est là le pas le plus difficile à franchir.

Le temps a beau passer avec une égale justice sur les êtres et sur les choses, courber sous son invincible puissance tout ce qui vit et se dresse dans la nature, la femme seule peut-être ne veut pas être atteinte par l'inexorable faux.

Quand elle s'y résout enfin, ce n'est qu'après avoir inutilement lutté et s'être encore donné des années de grâce, pendant lesquelles elle s'est habillée à la jeune, s'est fardée, musquée, a fait des minauderies, des afféteries, s'est ridiculisée en un mot.

La femme intelligente, pour rester belle et aimable quand elle a vieilli, doit accepter son sort, ne rougir ni de ses rides, ni de ses cheveux blancs. Ceux-ci ont encore, quoi qu'elle en pense, un invincible charme, pour celui qui garde le respect et l'affection après avoir donné l'amour.

LE GOUT DU MARIAGE

Imaginez-vous un pays très très éloigné, aussi éloigné kilométriquement parlant que moralement, socialement, humainement de tous les pays connus, fréquentés, habités de l'ancien et du nouveau continent ; ce n'est pas dans les nuages, c'est plus loin que cela encore. Dans les nuages on y va en aéroplane, mais le pays dont je veux vous parler, jamais progrès, jamais génie n'inventera le moyen d'y accéder. C'est le pays de l'imagination, le paradis du rêve, l'habitation inconnue de l'amour où tout le monde a la prétention d'aller, mais que personne ne connaît et ne connaîtra, parce que trop complexe est la configuration du sol de cet éden et que tous les imprudents qui en ont tenté la conquête s'y sont irrémédiablement perdus.

Enfin, dans ce pays attirant et terrible, j'ai ouï-dire que de singulières coutumes avaient résisté au travail du temps et que de nos jours encore, il était d'usage, de la part des parents, de tenir aux futurs époux l'impérieux langage suivant (car il faut le dire on s'épouse aussi dans cet excentrique pays inconnu autant qu'enchanteur) : « Vous vous êtes alimentés jusqu'à présent de la nourriture habituellement en usage, dorénavant, vous aurez à vous conformer à une règle absolue, en ce qui concerne votre nouvel état, et votre alimentation devra comprendre principalement deux fruits : « Vous, homme, vous ferez usage du αρμενιακον[1] ; et vous, femme, de la σικυα[2]. »

« Cette nouvelle nourriture devra vous plaire puisque c'est la règle, nul n'est fondé à la critiquer. C'est la loi, inexorable peut-être ! mais c'est la loi, il n'y pas de mariage sans cela. »

Or, il arrive ceci, dans ce pays d'idéalité et de rêve, c'est que l'homme peut n'aimer pas le αρμενιακον qui lui est offert et la femme la σικυα qu'on lui impose ; ou encore que de part et d'autre, y prenant goût à tel point, l'appétit dévore rapidement les provisions du ménage difficilement renouvelables. Alors la faim poussant, il faut aller chercher ailleurs de quoi la satisfaire. Qu'advient-il ? Si pareille chose se produisait ici-bas, sur notre belle planète, M. Naquet a trouvé le remède, pas toujours à la portée de tous, mais enfin utilisable dans bien des cas ! Mais là-haut, mais là-bas ! Que fait-on ? On se sépare, pour aller ou bon semble, se délecter ou non, d'un mets qui convient, approprié ou non à son estomac ou à son tempérament, sans contrainte.

1. Fruit paraît-il d'une saveur exquise, aussi vieille que le monde et qui a une grande analogie avec l'abricot de nos climats.

2. Fruit encore cultivé en Europe, mais que rappelle surtout assez bien de nos jours la banane des pays chauds.

Sur terre cela s'appellerait, je crois, ou union libre ou mariage à l'essai. Seulement sur terre l'organisation sociale n'y trouverait plus son compte, ni l'État, ni les notaires, avoués, huissiers, ni les juges, ni personne que les intéressés eux-mêmes qui, socialement, sont quantité négligeable.

Car il faut qu'avant tout vivent les parasites.

L'ABSOLU

En principe, il n'y a rien d'absolu.

N'y a-t-il pas lieu de critiquer certaines formules qui, passant de bouche en bouche, finissent par s'implanter dans les esprits, acquièrent force de loi, deviennent indéracinables et dont pourtant il est facile de démasquer toute la fausseté.

On dit par exemple : « Ne frappez jamais une femme, même avec une fleur. »

Combien de femmes pourtant méritent d'être fouettées ; combien semblent s'appliquer à mériter des corrections ; combien même, cela a été certifié, les souhaitent, les désirent. Alors ! que faire ? Avoir un peu de pitié, mais pour les fleurs seulement.

FUTILITÉS

On attache quelquefois une importance démesurée à des choses futiles ; et les conséquences d'une vision fausse peuvent être ou nuisibles, ou graves, ou douloureuses. J'ai connu deux jeunes gens, fiancés, en apparence admirablement faits pour s'entendre, se comprendre, s'aimer. Le mariage n'eut pas lieu parce que la jeune fille, dans un repas, trouva que le jeune homme n'avait pas su s'y prendre pour briser un œuf à la coque. Une future belle-mère refusa d'accepter pour gendre un jeune homme qui ne savait pas faire la salade ! Quelle garantie pouvait offrir un garçon, qui, après avoir mis l'huile et le vinaigre et le sel et le poivre, en quantité suffisante, se ravisait, et ajoutait ou quelques gouttes ou quelques grains ? Il n'avait, ce garçon, ni caractère ni décision : exclu.

Un futur beau-père n'accorda pas la main de sa fille, pour un motif aussi futile. Il demanda à son futur gendre de lui confier sa montre et remarqua (c'était à l'époque où les montres à remontoir étaient encore un grand luxe) que les trous destinés à recevoir la clef étaient constellés de rayures, de hachures, qui dévoilaient un caractère nerveux, sans patience, sans pondération !

SAVOIR CHOISIR

Si vous souhaitez vous marier, disait un vieux dicton, choisissez votre femme avec vos oreilles plutôt qu'avec vos yeux. Ce qui revient à dire : entre le moral et le physique, il n'y a pas d'hésitation à avoir.

Cela est d'une philosophie trop haute pour être bien compris, et le plus généralement c'est précisément le contraire qui arrive.

Un jeune homme rencontre une jeune fille, elle lui plaît, il en devient amoureux et la demande, il l'épouse. Il n'a écouté, pour se marier, que les sentiments nés dans un instant d'exaltation, aveuglé qu'il était par un emportement de passion passager.

Qu'arrive-t-il ? l'intelligence, la bonté, la droiture, l'instruction, qui ne sont entrées pour rien dans son choix, lui font tout à coup défaut et il s'aperçoit que le coup de foudre auquel il a cédé, mais trop tard, n'était qu'un coup de massue.

Mille fois mieux vaut épouser une femme intelligente, qui semblera toujours belle, même sans beauté, qu'une déesse vaniteuse et bête, dont la prétendue beauté est le seul mérite. Mais allez donc faire comprendre cela aux cœurs enthousiastes, aux âmes de vingt ans !

LA CRISE DU MARIAGE

Ceux qui se marient, surtout dans le peuple, n'écoutent qu'un penchant passager et traitent le mariage avec une inconcevable désinvolture.

Il leur faut satisfaire le goût du présent : de l'avenir, ils n'ont cure ; il est si facile et si simple de divorcer, et plus simple encore de s'affranchir, de briser des liens qui n'ont que la solidité qu'on leur donne, et qui sont d'une extrême fragilité pour qui veut les rompre.

Une seule chose pourrait contre-balancer cette tendance : c'est l'amour. Lui seul est capable de transfigurer les êtres.

Lui seul peut rendre courageux, intrépide et fort, un mari jeune, hésitant et craintif ; et aussi, courageuse et forte, une jeune épouse qui pourra supporter, pour les vaincre, les difficultés du début ; doubler le cap de la misère, jusqu'à ce que le temps, cet éternel et souverain remède, ait permis à la fortune de sourire enfin aux malheureux, qui se sont aimés sans défaillance.

PUDEUR

La pudeur est marchandise courante dans la vie conjugale.

Pourquoi les femmes mariées sont-elles passionnément impudiques avec leurs amants ?

Conventionnellement, la chair reste inerte, l'amour seul la vivifie.

LA RAISON DES MODES

Pourquoi les femmes, par un aveuglement stu...péfiant, s'entêtent-elles, à quand même, vouloir suivre la mode ? Parce qu'elles espèrent trouver là un habile moyen de rehausser leur beauté : toute femme se croit belle, et pourtant !

Combien, toute pudeur mise de côté, combien oseraient suivre la mode s'il leur fallait faire étalage de leur seule plastique ; combien oseraient par exemple (et la mode en viendra sans doute) porter simplement, en guise de corsage, une écharpe gracieusement drapée laissant un sein à découvert.

BEAUTÉ FÉMININE

La femme, lors de sa création, était un être parfait, d'après la légende.

La civilisation seule serait coupable, dans la déformation morale et physique où nous constatons aujourd'hui qu'elle est tombée.

Bien loin d'essayer de réagir, elle s'applique,semble-t-il,chaque jour à perdre un peu du charme que la nature lui avait généreusement octroyé.

La mode, cette impérieuse déesse, est le plus grand artisan de l'enlaidissement féminin.

La femme n'a pas, en ce qui la concerne, la moindre notion du beau et du laid.

La preuve, c'est qu'il suffit qu'une chose, qu'un objet soit à la mode pour que, aussitôt, elle s'en affuble, peu soucieuse de savoir si la mode nouvelle lui sied ou non.

Être à la mode est un argument sans réplique.

Pour suivre la mode,elle ne consulte qu'elle-même, et étant juge et partie, elle se fourvoie les trois quarts du temps.

Demander avis ou conseil à ceux auxquels elle doit chercher à plaire, que non pas, elle préfère s'en rapporter aux marchands, aux industriels, aux fabricants intéressés seulement à lui vendre leurs produits et peu soucieux du reste.

Il ne devrait pourtant pas être impossible en les combinant de faire cadrer tous les intérêts en jeu ; c'est-à-dire de permettre à ceux qui ne vivent que du mercantilisme, de gagner leur vie ; mais surtout de faire en sorte que la femme conserve toute sa beauté même malgré elle.

LA BÊTISE

Je puis bien dire cela, aucune femme ne me comprendra !

On a tort d'épouser une femme bête.

Au début la chose est sans importance. La force de l'amour absorbe entre époux toute intellectualité; les charmes qu'on trouve aux premiers instants de la vie commune et conjugale dissimulent, cachent et font oublier l'écueil dans lequel on doit inévitablement tomber, quand les baisers d'amour ont perdu leur saveur. C'est dans la suite seulement que viennent les regrets et que s'ouvrent les yeux.

Il arrive en effet, entre autres choses, que pour conserver une paix relative au foyer, on devra choisir ses relations et ne fréquenter que des gens d'un intellect inférieur qui ne porteront pas ombrage à la maîtresse du logis.

LARRON ?

Est-il larron celui qui, trouvant sur son chemin un objet quelconque, délaissé, et n'appartenant en apparence à personne, le ramasse, le façonne, le nettoie et se l'approprie.

Du jour où cet objet, hier encore abandonné, négligé, dédaigné par tous, a été mis en valeur, chacun l'admire et l'apprécie.

On envie celui qui, par intuition, a su rendre à cet objet tout son lustre, toute sa beauté, et est parvenu à lui redonner l'aspect d'objet d'art qu'il aurait pu toujours conserver.

Et ce jour-là, tout le monde crie « au voleur ».

Ce que je dis d'un objet, peut être dit d'une femme.

LETTRE A HENRI MURGER

Mon cher Henri, je viens de rompre des lances pour la défense de votre mémoire. Avec le plus complet désintéressement, vous vous en doutez. Étant mort depuis longtemps, vous pensez bien que je n'ai point agi par calcul, que je n'ai point songé à tirer profit d'une reconnaissance que vous êtes impuissant à me témoigner. Je suis d'autant plus fier que, connaissant votre caractère, je sais très bien que, même vivant, vous vous seriez moqué comme d'une guigne, des attaques dont vous pouviez être l'objet, aussi bien que d'une défense dont votre mémoire n'a cure. Si la devise n'avait été prise déjà, vous auriez sûrement terminé la vôtre par ces mots : Murger suis.

Voici donc l'objet de la querelle : on vous dénigrait ; vous aviez été un épouvantable bohème.

Systématiquement on reprenait, pour les battre en brèche, toutes vos théories sociales et arrivant au chapitre femmes, vous fûtes blâmé d'avoir écrit ce vers par lequel vous désigniez l'épouse idéale à vos yeux en souhaitant :

> Qu'elle marque le linge et fasse bien le thé.

Pour les multiples pimbêches qui nous environnent

aujourd'hui, les qualités de ménage que doit posséder une femme telle que vous l'entendez, sont sinon lettre morte, tout au moins agonisante. De nos jours, une femme qui se respecte, qui ne veut pas déchoir, aurait honte de laisser supposer à son entourage qu'elle sait marquer le linge et surtout qu'elle pratique ce genre d'occupation. Faire le thé, comme vous le concevez, paraîtrait déplacé à toutes ces égales de l'homme, à toutes ces suffragettes qui, imbues d'émancipation, toléreraient que les maris fissent la cuisine et le ménage. Tout au plus consentent-elles, parce qu'elles trouvent là une occasion de parader, de déployer leurs grâces, de faire valoir la beauté d'une main et d'un bras éternellement blancs, à offrir, sur un plateau, un thé problématique, confectionné par une servante dans un laboratoire, office ou cuisine. C'est absurde, mais c'est grand genre. Et je vous ai défendu, et j'ai prétendu avec vous pour compléter votre pensée que la femme, la vraie femme, est celle qui n'aspire pas à sortir de son rôle de femme, qui s'honore de la situation supérieurement inférieure que la nature lui a donnée, qui se grandit ainsi dans sa propre estime, consciente de la grande place qu'elle occupe, au foyer d'abord, et dans le cœur de celui dont elle partage la vie.

Bien à vous de cœur et d'esprit.

MÉNAGE ET MÉNAGEMENT

Que dans un ménage la femme porte la culotte, rien de mieux, personne n'a rien à y voir : c'est affaire entre « Elle et Lui ». Mais ce que peut demander le témoin de cette anomalie, c'est que la femme prenne une attitude convenable, et mette un peu de dignité dans l'exercice de ses fonctions, lorsqu'elle conduit la barque conjugale et qu'elle mène son mari par le bout du nez.

J'ai été témoin d'un fait qui aurait révolté bien desgens :

M. et Mme X... vont ensemble toucher une somme d'argent qui leur est due en commun ; naturellement, c'est madame qui s'avance, qui signe et qui reçoit. Elle reçoit et elle compte 1.221 fr. 25. Elle prend 1.220 francs qu'elle met en lieu sûr, dans sa poche ou dans le gousset de son corset, je ne sais plus au juste ; puis elle donne ostensiblement la différence à son mari, soit 1 fr.25, en disant à haute voix, comme pour l'humilier et pour faire voir que c'est elle la maîtresse, qu'elle tient la bourse : « Tiens, prends ça, c'est pour ton tabac ! »

Et le mari ? Eh bien ! le mari, il a pris ses vingt-cinq sous, en disant merci.

DES BAS

Dans le costume féminin, les bas ont un rôle très important. Il en fut ainsi de tout temps, c'est-à-dire depuis l'invention de cette partie de l'habillement, dont l'origine remonterait pas plus loin que le XVe siècle. Au XVIIe, les femmes portaient déjà des bas de soie de couleur.

De nos jours, les élégantes et même les autres ont des bas de toutes nuances, souvent assortis à leurs jupes ou à leurs robes ; il y a une cinquantaine d'années le bas blanc était très bien porté par la plupart des femmes : la mode en a passé.

Un curieux en demandait la raison ces temps derniers : — Ça se salit trop ! lui fut-il répondu.

C'est à l'usage très répandu du bas noir, qui est toujours noir, que le dicton doit de s'être généralement si bien acclimaté : — Quand il y a de la jambe il y a du pied.

BAVARDES

Tout le monde connaît, pour en avoir été victime, ce qu'on appelle des amis compromettants. Ce sont ces gens qui, dans le but de vous servir, mais surtout pour se donner à eux-mêmes une importance, vous font dire ou penser des choses exorbitantes, vous prêtent des actes que vous n'avez jamais eu seulement la pensée de commettre, vous nuisent enfin, et cela simplement pour le simple et innocent plaisir de parler.

Les femmes, dont je me garde toujours avec soin de médire, sont plus bavardes que les hommes. Il y a paraît-il des chercheurs, des médecins qui ont trouvé scientifiquement la raison de ce fait indiscutable. C'est pour elles une excuse, mais nous n'en sommes pas moins, de ce chef, leurs victimes sous une forme de plus, car bavardes, elles sont souvent aussi compromettantes que de simples amis.

PARIS

Paris exerce une sorte de fascination sur l'univers tout entier. Depuis les contrées les plus lointaines jusqu'au moindre village de notre France, l'idée de voir, de connaître Paris, hante l'esprit des habitants.

Voir Paris est aujourd'hui, on peut le dire, à peu

près à la portée de toutes les bourses ; mais là ne se borne pas l'ambition de certains ou plutôt de certaines qui voudraient être vraiment Parisiennes.

Tout le monde ne peut pas naître Parisien, mais on peut le devenir par alliance : c'est ce qui fait qu'on voit tant de personnes madrées venir à Paris, y exercer une profession quelconque dans l'unique but de s'y faire épouser par un Parisien pur sang.

Ce que femme veut, fût-elle paysanne, tout comme Dieu, le Parisien doit le vouloir aussi, et il épouse.

Il faut la voir alors, la nouvelle promue, étalant sa vanité satisfaite, quand elle retourne dans son village et qu'aux yeux de tous elle montre sa proie et sa victime.

Une fois de plus la femme triomphe ; elle a vaincu ; non seulement elle a su se faire épouser, mais encore elle est Parisienne et pourra faire des jalouses !

Quelle jouissance !

VICES RÉDHIBITOIRES

La constatation d'un vice rédhibitoire donne lieu à l'immédiate annulation ou résiliation d'un marché quand il s'agit d'animaux.

Pourquoi dans l'espèce humaine, des tares, des vices pires que rédhibitoires souvent, ne donnent-ils pas le droit d'annuler ou de résilier un mariage ?

A part deux ou trois cas fort rares, celui qui veut obtenir une séparation ou un divorce, est obligé de faire une procédure ennuyeuse, longue et coûteuse.

C'est là un des mille arguments dont s'emparent les partisans de la réforme du mariage.

DÉPOPULATION

On parle depuis des années de la dépopulation, on se lamente sur les constatations ; on pleure sur les statistiques ; on cherche des remèdes à cet état de chose, qu'on prétend nuisible à l'humanité et à la propagation de l'espèce, et personne n'en trouve.

Puisque aujourd'hui la femme a ou veut avoir la voix au chapitre, je m'étonne qu'on ne l'ait pas consultée sur cet angoissant problème ! Allons, mesdames, dites-nous ce que vous pensez sur ce sujet qui n'est pas seulement français ; il est à peu près cosmopolite, pour les gens civilisés tout au moins. Si vous pouvez être sincères, dites-nous franchement ce que vous pensez des avortements, des couches qui ne sont pas vraies et de tous les moyens bons, selon vous, à employer pour faciliter la dépopulation.

Laissons parler les femmes pour une fois !

Elles sont bavardes, vous le savez bien, et si vous les prenez par l'amour-propre, elles vont nous faire de sensationnelles révélations ; elles vont nous dire ce qu'elles pensent de ces fameux curettages dont on parle tant et de ces savantes ablations des ovaires, auxquelles elles se prêtent si volontiers ; elles vont nous dire dans quel but ; et si, par surcroît, vous consultez les sages-femmes, la question sera bien près d'être élucidée.

AMOUR CONVENTIONNEL

Tout est conventionnel dans le mariage. Rien n'est conventionnel dans l'amour. Qui dit mariage ne dit pas amour. Aussi semble-t-il abusif de refuser à quiconque, homme ou femme marié, le droit d'aimer en dehors du mariage.

De ce fait que deux existences sont liées par les attaches humaines du mariage, s'ensuit-il que deux cœurs doivent subir et supporter éternellement ces attaches sans être autorisés à les rompre. Et si, las de supporter et de combattre, ces cœurs s'émancipent et vont chercher ailleurs un bonheur qui leur manque, devrait-on trouver des esprits assez étroits, assez mesquins, assez jaloux, assez hypocrites pour les blâmer.

Il s'en trouve pourtant qui se dressent et se font les défenseurs quand même du mariage sacro-saint, quitte à manquer eux-mêmes à leurs serments : cela s'est vu, cela se voit !

NOSCE TE IPSUM

Connais-toi toi-même, voilà certes une chose qu'une femme, fût-elle l'égale de l'homme, ne pourra jamais comprendre, encore moins mettre en application.

Se connaître soi-même, c'est, sans vouloir entrer dans de longues théories philosophiques, c'est se rendre compte de ses qualités et de ses défauts, chercher à augmenter les uns, en devenant meilleur encore, et se corriger des autres. Or, la femme est un être parfait, chacun sait ça. Elle n'est ni sotte, ni haineuse, ni vindicative, ni orgueilleuse, ni jalouse, ni perverse, ni dissimulée, ni coquette, ni, ni, ni... Aussi ne lui fera-t-on jamais comprendre qu'elle peut avoir un intérêt à s'analyser, à se scruter l'âme pour se découvrir des défauts et s'en corriger, puisqu'elle n'en a pas !

MARI GÊNANT

La femme mariée est autoritaire : si le mari, trop débonnaire, s'est laissé, dès le début du mariage, dominer, c'en est fini de son repos et de sa tranquillité. Il ne doit plus compter que sur la mort pour retrouver dans l'au-delà un peu du calme qui lui a manqué ici-bas, et à condition encore que son épouse ne vienne pas accidentellement l'y rejoindre trop tôt.

Pour certaines personnes, le mari est un accessoire utile dans la vie conjugale, mais il ne faut pas que cet accessoire s'impose et devienne gênant. Les occupations journalières, le bureau, sont là heureusement pour mettre tout au point, et laisser à madame toute sa liberté d'action. L'heure de la retraite sonne toujours trop tôt ; cette heure-là, la femme la recule le plus qu'elle peut, par tous les moyens en son pouvoir : grossir les rentes, établir les enfants, les petits-enfants même, ne pas rompre trop brusquement des habitudes d'où dépendent sa santé, et patati et patata.

Pensez donc, ma chère, le jour où il sera là sans cesse sur mon dos, comment pourrai-je faire mon ménage, entretenir ma maison, faire mes visites, voir les magasins, suivre les modes, vivre enfin !

LE MARIAGE CONVOITÉ

Un matin, les journaux toujours à l'affût des faits sensationnels publièrent, avec de copieux commentaires, la nouvelle suivante : « On annonce le mariage de la très gracieuse demi-mondaine Liane de Pougy. »

Que voilà donc un bel exemple, à une époque où l'on constate la crise du mariage.

Combien de jeunes filles, restées vertueuses, déplorent de ne trouver pas un mari. Celles-là ne sortent pas du droit chemin, elles subissent leur destinée, coiffent, en soupirant, Sainte-Catherine et restent vieilles filles et honnêtes. Combien d'autres, que la lutte âpre pour la vie oblige à sortir, à travailler, courent par là même des risques plus grands pour leur honnêteté.

La jeune fille est instinctivement coquette, les tentations sont multiples, l'exemple pernicieux lui fait tourner la tête, et souvent elle se laisse glisser sur le chemin plein de fleurs d'abord, de la galanterie et de la licence.

« Ne suis-je pas aussi belle, aussi bien faite que telle ou telle cocotte en renom; ces femmes-là ont hôtel, voitures, autos, bijoux, pourquoi n'en aurai-je autant; que faut-il ? Un faux pas : on le fait, mais après ! Bah ! après on verra bien. Et elles espèrent sortir victorieuses de l'impasse où elles se sont imprudemment engagées.

Pourquoi ne se marieraient-elles pas, pourquoi ne réussiraient-elles pas aussi à se faire épouser, comme Liane de Pougy.

Puisque c'est là le but à atteindre, tous les chemins ne sont-ils pas également bons à prendre ? Et l'on va, et l'on tombe !

TOT CAPITA TOT SENSUS

Pourquoi à notre époque ne pas modifier ce vieux proverbe latin et dire: *Tot femina tot sensus*. Cette seconde formule serait plus entièrement vraie.

Aujourd'hui, les femmes qui sont tout, et elles aspirent à être davantage encore, les femmes régentent, commandent et elles brûlent du désir de gouverner. L'homme entre leurs mains est un jouet, et bien vrai est cet autre proverbe, français celui-là : « Ce que femme veut, Dieu le veut. »

Les avantages qu'elles comptent retirer de leur droit au vote est bien illusoire, ne sont-elles pas, n'ont-elles pas toujours été les maîtresses, les instigatrices de tout ce qui s'est fait en dehors de leur puissance immédiate ; n'ont-elles pas de tous temps conduit et gouverné les hommes, n'ont-elles pas présidé occultement aux élections, à la politique.

En cherchant à augmenter la puissance naturelle qu'elles ont et dont elles savent déjà si bien tirer profit, qu'elles prennent garde de perdre cette puissance ; à partir du moment où elles voudront être les égales de l'homme, elles perdront la supériorité qu'elles ont par leur nature même ; on apprendra à les traiter réellement en égales, leur prestige de femme aura disparu, elles redeviendront l'être imparfait et secondaire que Dieu a créé.

LA JEUNE FILLE ET LE MARIAGE

La jeune fille est en général mal élevée, je n'entends pas par là qu'elle soit grossière ou impertinente ; mais, par négligence, par insouciance, on la laisse trop livrée à elle-même et à des fréquentations sans surveillance et sans contrôle. Qu'arrive-t-il ? Les idées fausses ou subversives, au point de vue social, se font jour et se propagent.

Dans le mariage, tel que les intéressés se plaisent à le faire envisager, la jeune fille ne voit que son émancipation, le plaisir, l'agrément qu'elle se croit en droit d'attendre dans le monde, le jour où change sa condition.

Elle ne songe guère, que pour en repousser l'idée, à la conséquence immédiate et naturelle du mariage : la maternité.

Avoir des enfants, fi donc; c'est vieux jeu, c'est passé de mode : mais vous ne comprenez donc pas tout ce qu'entraîne avant et après elle cette monstrueuse formalité : privations de toutes sortes, bals, dîners, décolletages, théâtres, réceptions, promenades, voyages !

Le mariage passe encore, mais la maternité avec tout son cortège de souffrances et d'ennuis:.. allons donc, il n'en faut pas ! Il semblerait même que la jeune fille ne s'adonne aux sports, avec frénésie comme elle le fait, que pour trouver là un expédient et contrarier au moment opportun le travail de la nature.

En somme, pourtant, la femme n'a été créée que pour ça, et ce qui pour elle n'aurait jamais dû cesser d'être une gloire, devient, avec l'éducation moderne, un avilissement et une tare.

MISE AU POINT

Ce qui a fait, ce qui fait, et ce qui fera peut-être longtemps encore la force de la femme moderne, dans ses aspirations et dans ses revendications, c'est moins son mérite, qui pourtant est incontestable, ou ses besoins qui sont réels, ou ses droits méconnus qui ne sont pas niables, que l'aveulissement de l'homme.

L'homme ne tient pas, n'a pas su conserver la place, toute la place qu'il devait, qu'il doit occuper comme homme, comme chef, comme maître. Il a, par négligence, par inconscience, par orgueil, par vanité, abandonné son rôle qui consistait à diriger, à conduire, à maîtriser.

Ce faisant, il a laissé à la femme la possibilité de le supplanter et d'empiéter sur son terrain. Il est donc mal fondé de se plaindre aujourd'hui d'une situation qu'il a créée. Rien ne changera, tant que la femme n'aura pas consenti à comprendre que ses droits doivent céder le pas à ses devoirs, et que l'homme ne saura pas faire marcher de pair ses droits et ses devoirs.

JALOUX

Monsieur est jaloux ! Il a sans doute de bonnes raisons pour cela ; aussi il épie, il guette, il furette, il cherche, il veut surprendre ; il monte, marche à pas feutrés, comme un chat, il arrive, regarde, et penaud s'en va, n'ayant rien pu découvrir de ce qu'il cherche.

J'ai dit monsieur, je crois ; je me trompe, je voulais dire madame, c'est plus vraisemblable du reste.

FAIBLESSE

La femme, cet être faible par excellence, sait admirablement spéculer sur sa faiblesse naturelle.

Elle trouve bon, en pleine santé, d'alléguer ou une lassitude ou le poids des ans, quand il s'agit pour elle de favoriser sa paresse et de s'éviter un travail ennuyeux ou une peine. Mais vienne une occasion de se distraire selon ses goûts naturels, c'est-à-dire futiles, la fatigue est tôt oubliée : le bal, le théâtre, les distractions et les réceptions mondaines opèrent ce miracle, de rendre les plus lasses disposes et prêtes à supporter allégrement les pires labeurs.

La coquetterie a repris le dessus; la femme redevient alors elle-même, l'épouse, la mère même a disparu pour faire place à la femme.

Toutes les idées d'émancipation qu'on a développées et qu'on propage encore à outrance n'ont servi et ne servent et ne serviront qu'à faire de la femme un être dévoyé.

La femme a besoin d'être socialement féminisée; on l'a fait sortir de son rôle, il faudra l'y faire rentrer.

Le mariage tel qu'il existe, tel qu'il est compris, est une prime à l'hypocrisie.

On cherche la cause de la dépopulation; elle réside presque exclusivement dans la déféminisation de la femme; on l'a flattée, trompée, bernée; et par orgueil, par vantardise, elle aspire à sortir de son rôle; elle veut acquérir des jouissances qu'elle suppose et qu'elle soupçonne plus attrayantes que les joies du foyer.

La femme ne peut pas plus être l'égale de l'homme que l'homme l'égal de la femme, chacun a son rôle dans l'humanité ; qu'elle s'élève, qu'elle développe son intelligence soit ; mais elle ne devrait pas oublier que son premier, son principal mérite naturel, c'est l'instinct, l'instinct maternel.

ÉCERVELÉES

Parmi les travers féminins, il en est un bien singulier, c'est celui des jeunes femmes nouvellement promues, inexpérimentées, qui, pour se donner dans la société où elles fréquentent, quelque importance, se mettent à jaboter sur des sujets qui leur sont encore étrangers.

Elles s'essayent à singer dans leurs attitudes et dans leurs propos, les autres femmes plus âgées et il leur arrive de dire des énormités.

Si ces deux mots : « femme et sagesse » pouvaient être associés sans éveiller l'idée d'une criante antimonie, on pourrait conseiller à ces femmes écervelées d'être sages et d'attendre pour parler de tout, qu'elles aient un peu vécu et qu'elles sachent quelque chose.

NE SUTOR...

Le besoin de primer pousse les femmes de condition modeste à imiter, en les parodiant gauchement, les femmes riches et élégantes.

C'est toujours l'envie et la jalousie qui les guident. Ne pouvant, faute d'argent le plus souvent, suivre les femmes riches dans leurs excentricités, les femmes pauvres ont recours pour satisfaire leur vanité à des subterfuges de mauvais aloi.

Elles paradent avec des bijoux en toc, se parfument avec des odeurs de dernier choix, au risque de sentir le rance, se pavanent dans des robes ou des vêtements qui leur vont souvent comme des tabliers : et elles sont, malgré tout, enchantées parce que, dans leur milieu, dans leur monde, elles ont à leur tour suscité la jalousie et l'envie et que de plus misérables qu'elles les ont prises pour des élégantes.

Le plaisir qu'elles éprouvent pour elles-mêmes est bien moindre que la satisfaction qu'elles ont de voir les autres sécher de dépit.

LE BEAU PHYSIQUE

Combien de gens se rendent ridicules en tirant vanité d'un agrément physique. Quel mérite ont-ils, pourtant, à le posséder. Ce bénéfice est indépendant de leur volonté, c'est à d'autres qu'ils le doivent et on les étonnerait fort en leur disant que, même, ils devraient à ceux-là quelque reconnaissance.

A qui devez-vous, madame, d'avoir la taille bien faite, de posséder une belle et opulente chevelure, d'avoir les traits réguliers, et quel mérite avez-vous de plus qu'une bossue, hirsute, dont le visage n'est qu'une succession de laideurs.

Votre travers est d'autant plus sot, que si vous avez dans vos relations une bonne petite amie jalouse, ce qui n'est pas douteux, il lui sera facile, pour vous dénigrer, de trouver, en dehors de votre beau physique, un défaut ou une tare autrement difficile à porter que votre beauté.

Pourquoi donc, par manque de réflexion, vous exposer à perdre le seul bien qui vous appartienne en propre, qui soit ou qui puisse être votre œuvre personnelle, je veux dire la grâce, et le charme, et la modestie.

JALOUSIE

Il ne faut pas s'y tromper : la jalousie, qui pourrait en soi quelquefois être admissible et respectable, n'est souvent faite que de dépit. Quand elle revêt cette forme, elle devient haïssable.

Qu'une femme véritablement aimante, amoureuse et tendre, souffre et fasse étalage de sa souffrance, quand elle se voit délaissée, soit; il faut la plaindre; mais quand sa soi-disant souffrance n'est qu'orgueil blessé, que vanité atteinte, que dépit de se sentir supplantée par une autre femme plus belle, plus jeune, plus intelligente, alors sa jalousie est insupportable et choquante.

Mais où est la femme jalouse et vaniteuse qui avouera qu'une autre femme puisse être plus belle, plus jeune, plus intelligente qu'elle-même?

LA VRAIE LOI

C'est en vertu d'une loi immuable, intangible, universelle que tout change, que tout se transforme dans la nature.

Les idées, comme le reste, subissent les influences ambiantes des différentes époques et elles évoluent.

Les caractères changent avec l'âge.

N'y aurait-il donc que les institutions humaines pour n'avoir pas à redouter les assauts du temps.

Quand, par plaisanterie, on veut désigner une chose ennuyeuse à laquelle on est assujetti par la loi, on a coutume de dire:

« Cela durera aussi longtemps que les contributions », cette bête noire qui officiellement a fait son temps, surannée et qu'il est question de remplacer, par une autre bête, plus noire et plus dévorante encore, pour changer.

Tout change donc, tout, sauf le mariage, dont on a proclamé l'indissolubilité. La loi du divorce ne sera jamais qu'une précaire atténuation.

La vraie loi sera celle qui l'établira sur des bases plus humaines, plus en rapport avec la nature et qui permettra à l'union des individus, d'être autre chose qu'un esclavage, contre lequel se révoltent souvent les esprits et les cœurs.

AVOUER SES TORTS

Quelle singulière tendance ont certaines femmes de vouloir toujours et quand même avoir raison.

Même dans les circonstances les plus insignifiantes, ce travers, en apparence inoffensif et anodin, quand il se généralise et s'accentue, devient insupportable. Dans l'intimité d'un ménage, c'est une source de querelle, de désaccord, d'inimitié.

Il est souvent pénible et difficile à l'homme d'avouer ses torts, mais il y arrive ; je crois bien que pour la femme c'est impossible. Ce doit être l'essence même de sa nature qui s'y oppose, car elle n'y consent jamais.

LA FEMME ÉMANCIPÉE

Voilà bien longtemps, il y a peut-être plus longtemps encore, que le problème a été posé ; il n'a jamais été résolu, il ne le sera jamais, pour la simple raison qu'il est insoluble : la femme est la femme, elle ne sera jamais, elle ne peut pas être l'égale de l'homme.

Je n'entends pas prétendre que l'un soit supérieur à l'autre; mais je dis que dans la société, dans l'humanité plutôt, pour élargir encore le cercle, chacun, chaque être a un rôle déterminé à remplir et qu'il ne peut y avoir là aucune confusion de pouvoirs.

La femme veut des droits, qu'on les lui donne, qu'elle les exerce librement, dans certains cas ; elle n'a aucune raison d'être privée des droits commerciaux et civils par exemple ; mais des droits politiques, qu'en fera-t-elle, qu'en peut-elle faire ?

Et, d'abord, quelles sont les femmes qui réclament le libre exercice de ces droits ; quelles femmes en useront quand on les leur aura conférés ? Ce seront pour la plupart des célibataires, des vieilles filles, comme on les appelle, que leur sort, qu'elles n'apprécient pas assez et qu'elles considèrent comme malheureux, a fini par aigrir. Ce seront toutes ces victimes de l'organisation sociale, inaugurée il y a près de quarante ans, et qui a fait tant de dévoyées.

En développant à outrance l'instruction féminine, on est arrivé à stériliser la femme, on l'a détournée de son rôle véritable, en lui faisant prendre un chemin à côté de celui qui lui était naturellement tracé ; maintenant elle entend prendre sa revanche et profiter des droits qu'on fait cyniquement briller à ses yeux.

On médit justement du suffrage universel tel qu'il est actuellement exercé : que sera-ce quand les femmes s'en mêleront !

Mme la duchesse d'Uzès se formalise, dit-on, parce que son palefrenier vote, et qu'elle ne vote pas. Sera-t-elle donc plus fière quand la dernière des filles de sa nombreuse domesticité aura, comme elle, le droit de vote, et que ce droit sera acquis également à la plus basse malheureuse d'une maison close.

En obtenant le libre exercice de tous leurs droits, les femmes deviendront dans la société de nouveaux parasites, pour n'avoir pas voulu rester de soi-disant parias.

La femme est-elle, aujourd'hui, aussi esclave qu'elle le prétend ? Ne s'est-elle pas depuis longtemps émancipée, et ne s'émancipe-t-elle pas chaque jour davantage ? Elle envahit petit à petit, elle a un accès plus libre à des fonctions qui, autrefois, lui étaient interdites.

Pourquoi faire aux jurisconsultes qui ont autrefois établi les lois, l'injure de croire qu'ils ont agi de parti pris et que c'est avec une intention blessante, qu'ils ont laissé la femme dans un état d'infériorité légale.

Les lois anciennes qui, en apparence, ont été faites contre les femmes, avaient une raison d'être ainsi faites, et lors de leur discussion, des voix ont dû s'élever pour les défendre dans la mesure du possible. Penser le contraire serait faire gratuitement injure aux légistes, plus forts, plus scrupuleux, plus savants que tous ceux qui légifèrent de nos jours.

Que les femmes qui revendiquent des droits avec tant d'âpreté inconsidérée en soient investies demain, qu'arrivera-t-il pour le bien général ? Un antagonisme latent entre l'homme et la femme, entre le mari et l'épouse, qui, quoiqu'elle dise, quoiqu'elle fasse, devra rentrer dans le rang, et vaquer comme par le passé aux soins du ménage, car, en somme, il faudra bien toujours que quelqu'un, dans un intérieur, s'occupe, sans déchoir, du pot-au-feu, reprise bas et chaussettes, nettoie les mioches.

Serait-ce donc aux maris, que les femmes, nouvellement promues, auraient la prétention d'imposer ces besognes ? Peut-être, car il ne faut pas se dissimuler que dans leurs revendications féministes, les femmes n'ont qu'un but, ne poursuivent qu'une idée, s'affranchir, dans la société nouvelle, des obligations antérieures, qu'elles considèrent comme inférieures, subalternes et dégradantes.

Des domestiques, des servantes, où ira-t-on les chercher ? La crise est aiguë déjà de ce côté : que sera-t-elle, quand les bonnes ne seront plus seulement les égales des hommes, de leurs maîtres, mais encore de leurs patronnes, de leurs maîtresses.

Car pour être servante, on n'en est pas moins femme.

Non, la femme ne peut pas être l'égale de l'homme. Tout s'y oppose ; par sa nature, par sa complexion, par ses formes, par sa force, par son tempérament. Elle a dans l'humanité son rôle bien déterminé, qu'elle y demeure comme l'homme doit demeurer dans le sien ; l'homme est fait, est bâti pour les rudes travaux, et la femme pour les travaux fragiles. Les astèques, comme les femmes à poigne ou à barbe, n'ont été et ne seront jamais que des exceptions.

Dans l'humanité, tout comme dans l'animalité, chaque être a sa place et sa fonction. On ne demande pas au cheval de remplir, de façon générale, le même travail que le bœuf et je mets ici l'exemple au masculin pour ne froisser aucune susceptibilité.

Allons, mesdames, un bon mouvement, avouez donc que La Fontaine avait encore raison quand il disait :

Dieu fait bien ce qu'il fait.

Il vous a créées pour être les compagnes de l'homme et non pour être ni son égale, ni sa rivale, contentez-vous d'exercer votre pouvoir dans les justes, légitimes et naturelles limites qui vous ont été tracées. Vous avez à y faire beaucoup, parce que depuis longtemps, déjà, bien avant que vous songiez à devenir suffragettes, vous avez perdu de vue et peu à peu abandonné le rôle, pour vous devenu sans attraits, de gardiennes vigilantes de l'amour au foyer conjugal.

L'amour! Je vous entends !...

Je vous entends d'ici vous récrier, vous exclamer : Qu'est-ce que l'amour vient faire ici ! L'amour est le cadet de nos soucis ! Je vous réponds : Ne vous y trompez pas, si les femmes aimaient mieux, savaient mieux aimer et surtout savaient mieux se faire aimer, la question qui nous occupe, n'aurait jamais été posée ; elles se seraient complu dans leur intérieur, elles auraient mieux compris leurs devoirs d'épouse, de femme, de mère, elles auraient mieux pris à tâche et sans rébellion les obligations que leur destinée de femme leur impose, elles n'auraient jamais eu besoin d'aller demander ailleurs une occupation pour leur corps et pour leur esprit, en dehors de leur propre maison, où elles auraient, par leur bonne grâce et leur affectueux attachement, mieux retenu leurs maris. Mais, aujourd'hui, c'est banal l'amour, c'est popote le foyer, c'est rococo la routine du ménage; soigner les gosses, préparer les repas, repriser les bas, c'était bon pour les anciens de 1830, mais nous autres, nous sommes du progrès, nous voulons aller de l'avant, il nous faut des droits, comme le peuple, il y a assez longtemps qu'on parle des droits de l'homme, c'est bien notre tour à présent: vive les droits de la femme ! Et vous vous fourvoyez, Mesdames. Que cherchez-vous à obtenir ? Des libertés, mais vous les avez toutes et celles que vous prétendez qui vous manquent, vous les auriez, si vous saviez les obtenir en ne vous servant adroitement que de la seule arme que le ciel vous ait donnée, dont vous semblez ignorer la puissance, depuis que vous voulez vous masculiniser, je veux dire le charme ; mais le charme, vous ne vous en souciez plus guère aujourd'hui, ou du moins vous ne cherchez guère à l'utiliser en ménage.

Avant d'être entrées en lutte avec la société et d'exposer vos revendications, vous avez commencé par battre en brèche l'autorité de vos maris, votre dépendance vous a pesé et vous vous êtes imaginé qu'en secouant le joug matrimonial vous seriez plus heureuses. Essayez-en, vous serez bien obligées, de par votre nature même, de rentrer dans le rang et de redemander à l'homme, votre compagnon naturel, l'appui dont vous aurez toujours besoin. Du fameux *Væ soli* de *l'Ecclésiaste,* vous ferez *Væ solæ*, et vous redemanderez alors à l'amour de vous laisser reprendre dans la vie la place que vous n'auriez jamais dû abandonner, et vous vous y emploierez de toutes les forces de votre cœur et de votre âme. Tranquillisez-vous, à cette époque attendue de tous, la société éclairée, avec ou sans votre secours, aura fait des concessions à l'humanité souffrante, le Code aura été remanié et, du mariage actuel, qui est un servage, on aura fait une convention rationnelle en rapport avec les goûts, les instincts, les besoins, les penchants des contractants, et ce sera l'âge d'or de l'union dans l'amour. Il n'y a jusqu'à la maternité qui reprendra ses droits; une femme n'aura plus honte d'être mère; elle ne verra plus dans la déformation momentanée de son corps, une tare, comme elle le considère aujourd'hui, parce que dans la maternité, elle n'envisagera que le résultat de l'amour passé, et attendra avec patience et bonheur le retour de l'éternel amour.

Mais quoi, tout ceci n'est-il pas un rêve ? Quoi, tel serait le résultat de cette levée d'armes, de toutes ces rancœurs exprimées qu'on appelle le féminisme ? Quoi, cela aurait servi à la féminisation de la femme ; cela lui aurait fait trouver enfin son chemin de Damas ? C'est presque incroyable, mais enfin, tout comme dans l'autre, dans la République des femmes tout doit être possible, et il est en tout cas permis d'espérer. Espérons.

Mais en attendant :

L'horizon s'obscurcit bien plus qu'il ne s'éclaire.

ÉDUCATION, HYGIÈNE, MODES

MALVEILLANCE

La malveillance est monnaie courante à notre époque; il est d'usage, chez certains, de se réjouir des ennuis, sinon des malheurs d'autrui.

On n'en retire aucun profit, mais on s'est, paraît-il, procuré une sorte de jouissance; et, dam, à notre époque, les jouissances sont si rares que...

Ceux qu'il faut plaindre, ce sont les malheureux qui ne professant pas les mêmes idées, sont obligés de vivre en contact avec les malveillants. Cette bile, cette haine qu'ils répandent à jet continu, finit par exaspérer, à la longue, les âmes plus sensibles et plus raisonnables.

ABSOLUTISME

A moins d'être certain de son fait, d'avoir à fond étudié une question, d'en connaître les tenants et les aboutissants, et de pouvoir, à la rigueur, fournir les preuves de l'étude qu'on en a faite, il est ridicule et déplacé de dire, d'une façon absolue: la raison de ceci, c'est... C'est là un moyen trop péremptoire de couper court à toute discussion, c'est retirer à un auditeur ou à un contradicteur poli, le moyen d'exposer lui-même sa pensée pour la discuter.

Il serait au moins adroit, quand on est sincère, de mitiger son opinion, fût-elle réellement bonne, de dire : Je crois que la raison de ceci, c'est... On laisse ainsi à chacun sa pleine liberté; la conversation s'engage courtoisement et tout le monde doit y gagner.

EUPHÉMISME

Selon que la vanité se trouve ou satisfaite ou profondément atteinte dans ses fibres les plus intimes, on emploie pour exprimer sa pensée, pour dire ou son plaisir ou son dépit, des façons de valeur diverse. Un vieux et loyal serviteur a-t-il bien et légitimement gagné le repos qu'on lui octroie, dira : « J'ai pris, ou on m'a donné ma retraite. » Un autre, à tort ou à raison celui-là, mécontent de la décision prise à son égard, se servira, pour exprimer la même pensée, d'un euphémisme, et dira d'un air suffisant : « Je me suis retiré, on m'a conféré l'honorariat. »

LA VIE CHÈRE

On dit communément: la vie est chère; c'est la formule maintenant consacrée pour déplorer un état de choses dont tout le monde se plaint et que chacun a contribué à établir.

Ne serait-il pas plus logique de dire: on dépense davantage aujourd'hui qu'hier.

La dépense est devenue une sorte de plaisir, une jouissance que tout le monde veut à présent se procurer; les riches pour parfaire à leurs besoins de luxe et les pauvres pour imiter les riches dans la mesure du possible.

C'est toujours l'idée d'égalité mal comprise, mal interprétée qui domine et qui guide. Pourquoi n'aurais-je pas, se dit l'ouvrier, ce que le bourgeois d'à côté se procure, et il achète; pourquoi ne prendrais-je pas des vacances, n'irais-je pas faire une saison dans une ville d'eau, au bord de la mer, ou à la montagne; et on dépense alors l'argent économisé, à moins qu'on fasse des dettes, pour se procurer un bien-être dont on a moins besoin souvent, par raison de santé, que pour satisfaire une jalousie de classe.

Pourquoi l'ouvrier qui achète, serait-il autorisé seul à tenir ce raisonnement, et pourquoi, le débitant qui vend, ne le tiendrait-il pas aussi ? Alors celui qui achète dépense ce qu'il a et se plaint, et celui qui vend a besoin de gagner davantage, pour faire face à des dépenses supplémentaires éventuelles, de jouissances. Je ne veux pas dire que le soi-disant bonheur de jouir de la vie doive être un privilège exclusif pour la classe aisée. Mais à l'époque où la tentation n'avait pas gagné le peuple, celui-ci était-il moins heureux ! Oui, s'il procède par comparaison, et non, si sa clairvoyance lui permettait de comprendre que : C'est être heureux que n'être pas malheureux.

La cause du mal doit être attribuée à la classe dirigeante qui, par calcul ou par inadvertance, imbue de l'idée de faire prévaloir auprès des ignorants les beaux principes de la Révolution, a inculqué au peuple cette pensée, que tout le monde étant égal devant la loi, il ne pouvait en être autrement devant les jouissances de la vie.

ENCORE UNE MODE

Connaissez-vous l'origine de cette mode qui consiste à garnir les fenêtres de ces demi-rideaux qu'on désigne sous le nom de courtines. La voici :

Une femme du meilleur monde — c'est ainsi je crois qu'on s'exprime quand on veut donner un peu d'autorité à un récit pour un fait insignifiant en soi — une femme donc, qui avait dépensé pour sa toilette l'argent du ménage, n'avait plus la somme nécessaire pour remplacer ses vieux rideaux hors d'usage ; elle était industrieuse et économe à ses heures ; elle eut donc l'idée de couper, de ses vieux rideaux, la partie la plus usagée et la plus lamentable et de les suspendre, ainsi raccourcis, à sa fenêtre la tête en bas.

Quand le jour de madame fut arrivé, ce fut une explosion d'enthousiasme !

— Ah ! chère madame ! Quelle trouvaille, où avez-vous découvert cette merveille ! C'est délicieux, c'est jeune ! Quel goût !

Et la mode était lancée.

LA TRANQUILLITÉ. — REMÈDE

Qui n'a, dans sa vie, sans être malade, éprouvé une lassitude, un malaise qu'un peu de repos, on le sent très bien, suffirait à faire disparaître : on souhaite donc simplement se reposer, on s'y dispose : qu'arrive-t-il si on n'a pas la chance d'être seul à ce moment? Une femme, des enfants, une servante, des étrangers même s'inquiètent, s'empressent, se mettent en quatre pour vous soulager et vous guérir. Cent remèdes vous sont offerts : des tisanes, des cachets, des vomitifs, des purgations, que sais-je, toute la pharmacopée y passe, on vous harcèle, on vous tyrannise, on vous rend malade d'énervement au lieu de vous laisser prendre tout simplement une heure de repos. Alors on en arrive à déplorer de n'être pas un chien et de pouvoir aller se réfugier dans un coin sombre, à l'abri des regards et des importuns, et de se mettre en rond, par terre, le museau dans les pattes.

MICROBES

Voulez-vous du microbe, on en a mis partout.

C'est effroyable, c'est effrayant; il y en a dans l'air, dans l'eau, dans le sol, dans le corps des animaux. Vous ne pouvez donc ni boire, ni manger, sans vous exposer à être envahis par des microbes. Ils viendront copuler de préférence dans vos intestins avec tous ceux auxquels, à votre insu, vous donnez asile. C'est à n'y pas croire : il n'y aurait plus qu'à se laisser mourir d'inanition, pour s'en aller avec au moins la certitude de n'avoir pas été dévoré par les microbes.

Les Américains, qui n'y vont pas par quatre chemins et qui savent renchérir sur tout, vont plus loin encore ; ils ont découvert le microbe du baiser. Ils prohibent ce rapprochement de quatre lèvres d'où le monde est sorti ; habitude plus agréable que pernicieuse, et qui se perpétuera, quoiqu'ils disent et quoiqu'ils fassent, les hypocrites.

Que les microbes existent, je l'admets ; nos grands savants l'ont dit, croyons-les ; mais il ne faut pas en faire un épouvantail : ils existaient avant la découverte relativement récente qu'on en a faite, « car s'ils n'existaient pas, Dieu les eût inventés ».

On a pris l'habitude d'imputer au microbe toutes les maladies, toutes les épidémies dont souffre et meurt l'humanité. N'y a-t-il pas abus.

La santé publique a d'autres ennemis à redouter que les microbes nouveau style.

Un exemple entre mille :

Pour ne pas entraver la liberté du commerce, on permet à des industriels peu scrupuleux, d'empoisonner les gens. Que sont, en effet, ces jaunes d'œufs dépourvus de leurs coquilles, de leur albumine, qu'on expédie de Sibérie, de Chine, du Japon, de Russie, en Europe et qui doivent servir à la confection des crèmes et des pâtisseries. On prétend que ces jaunes d'œufs dûment enfermés dans des barriques sont aussi bons pour l'usage qu'on en doit faire que des œufs frais, et que leur innocuité est absolue. J'en serais surpris.

Or, l'État perçoit sur ce produit des droits de douanes et il en autorise l'écoulement dans le commerce. Que cette denrée ne soit pas nocive au début, soit, mais on ne fera croire à personne, qu'à la longue, elle ne puisse être nuisible; la consommation peut être longue jusqu'au complet épuisement de la provision et un œuf est un œuf, que diantre ! et si la nature l'a produit enveloppé dans une coquille, c'est que cette coquille était nécessaire à sa conservation.

Et on s'étonne ou du moins on feint de s'étonner, on fait enquête sur enquête quand des empoisonnements collectifs se révèlent comme à Cholet ! (sept. 1913).

L'État est un dévoreur, tout lui est bon. Quand il s'agit de percevoir des droits, il entend ne se priver d'aucunes ressources, même le plus arbitrairement, le plus dangereusement acquises.

UNE NOUVELLE CARRIÈRE

Les croyants, les pratiquants catholiques ont à leur disposition la confession auriculaire pour soulager leur âme ; en dehors de la confession pure, les mêmes prêtres, qui reçoivent la confession, sont encore des directeurs de conscience.

En ce qui touche la vie mondaine, les petites intrigues, les mille riens qui constituent la vie intime ordinaire des femmes, ce sont les avocats, les avoués, les notaires qui reçoivent leurs confidences, c'est à eux qu'elles demandent conseil. Les hommes de lettres célèbres font à ces derniers une certaine concurrence, moins basée sur la confiance qu'ils inspirent que sur la gloriole qu'on trouve, à faire montre dans son entourage d'une intimité spirituelle avec un académien coté.

Alexandre Dumas fils avait ainsi toute une clientèle, presque généralement gracieuse, de mondaines complètes et de vierges entières, auxquelles, bien malgré lui souvent, il était contraint de donner audience.

Voilà donc pour l'âme et pour le cœur ; ces consultations sont gratuites ou du moins elles ne sont pas taxées.

Pourquoi n'en est-il pas ainsi pour le corps, c'est-à-dire pour la santé corporelle.

On ne se décide à aller consulter un médecin qu'à la dernière extrémité, sans se souvenir qu'en aucune autre occasion l'axiome n'a été si vrai, qui dit : « Mieux vaut prévenir que guérir. »

Il y a là une inconcevable lacune. On entend

répéter partout et toujours que la santé est le premier des biens, et on s'en soucie peu tant qu'on est bien portant.

Je sais bien que les médecins font payer leurs consultations, mais ne vaudrait-il pas mieux payer pour être de temps à autre examiné, ausculté en pleine santé par un homme de l'art, qui vous mettrait en garde contre une éventualité, que de faire venir le docteur quand la maladie grave s'est déclarée.

Allons, Messieurs de la Faculté, en quête de clientèle, il y a pléthore chez vous, paraît-il, faites des circulaires et intitulez-vous : « Médecins pour gens bien portants », quand l'habitude en sera prise, vous ferez fortune.

MAIGREUR

Vaut-il mieux être gros que maigre. On rencontre des maigres déplorer leur état quelquefois squelettique ; on rencontre des gras promener, la mine toute réjouie, ce qu'ils appellent une agréable rotondité. Qui a tort, qui a raison ?

La nature répond, à ceux qui se trouvent dans des conditions normales, c'est-à-dire qui ne pèchent par excès, ni d'un côté ni de l'autre.

Les animaux, livrés à eux-mêmes, qui cherchent eux-mêmes leur nourriture, qui vivent à leur guise, qui ne sont guidés que par leur instinct, ne sont jamais gras.

Dans l'humanité, l'excès de graisse est le prodrome d'une maladie.

Dans la maigreur ou l'embonpoint, il n'y a qu'une question de tempérament, la santé n'y a rien à voir ; elle peut être excellente dans l'un et l'autre cas.

Il ne peut donc qu'être nuisible, de tenter de se faire maigrir ou engraisser inconsidérément.

Seulement, si l'on vient dire aux femmes : grossir c'est vieillir ! alors !!

QUAND LE DIABLE...

C'est vers l'Église le plus souvent que se réfugient les vieux diables, surtout féminins.

La religion couvre toutes les souillures de son manteau ; c'est presque toujours pour elle une source de revenus.

Quand ils sont givrés, les diables ne sont plus guère dangereux ; on peut toutefois les prendre en flagrant délit d'hypocrisie ; à les entendre on les prendrait pour de véritables saints ; ils se donnent en exemple, quoi qu'ils aient attendu leurs vieux jours pour se ranger. C'est alors qu'ils deviennent dévots, qu'ils pratiquent et se couvrent de ridicule aux yeux de qui les connaît.

PROPRETÉ

Est-il permis d'être sale ?

Après toutes les ordonnances, les règlements d'hygiène, concernant la propreté et la salubrité de Paris, je voudrais voir les agents de police, investis d'un pouvoir assez grand, pour conduire au poste, les gens sales ou crasseux qu'on laisse librement circuler dans les rues.

De là, on les dirigerait sur un établissement de bains, comme on conduit au violon, des camelots ou d'inoffensifs délinquants. Non, il n'est pas permis d'être sale à Paris. L'eau qui coule dans les ruisseaux, que boivent les chiens, les chevaux ou les oiseaux, sans en redouter les microbes, devrait inviter les gens malpropres, les miséreux qui ne peuvent se nettoyer autre part, à en user, et se laver au moins la main honteuse qu'ils tendent pour une aumône ; mais ils s'imaginent sans doute inspirer plus de pitié, en conservant leur crasse.

EN RETRAITE

Tout homme qui travaille, aspire au jour où suffisamment riche pour vivre sans rien faire, il pourra cesser son commerce, quitter son bureau et prendre sa retraite.

S'il veut vivre celui-là, et jouir un peu d'un repos bien gagné, il devra se créer, pour sa vie à venir, une occupation, une obligation à remplir.

L'activité, fut-elle routine, est nécessaire à l'existence ; le repos complet, bien-être, bonheur factice, c'est la mort.

Avoir sottement la prétention de vivre à sa guise dans l'oisiveté, c'est se donner la liberté de s'en aller prématurément.

GATERIE

La gâterie est une des formes les plus répandues que revêt la faiblesse humaine.

Sous prétexte de bien aimer bêtes et gens, on les gâte.

On gâte les enfants ; en cela on leur rend un déplorable service, car, de cette façon d'agir à leur égard, ils abusent et vous dupent à la longue, grâce à leur don d'observation et à la roublardise qui leur est propre.

On gâte les animaux, les chiens surtout, ces compagnons fidèles qui partagent l'existence de leurs maitres, souffrent avec eux de leurs malheurs et se réjouissent de leurs joies, tant est intime, souvent la communauté de leurs existences. On rend mauvais service aux chiens en les gâtant, mais eux, au moins, vous témoignent de la reconnaissance.

On gâte aussi les femmes ! Quand on s'est laissé glisser sur cette pente fatale, et qu'on s'aperçoit de sa faute, on est perdu, il n'y a plus aucun remède.

HYGIÈNE ET NOURRITURE

On boit, on mange ; la nature veut que, pour pouvoir normalement reboire et remanger, il faille être en état de le faire, ou alors...

Il y a dans le choix et la variété de la nourriture toute une science à acquérir, pour se bien porter.

Peu de gens, pour leur malheur, la connaissent et surtout la pratiquent.

Les animaux avec leur instinct donnent encore à l'homme, en cette occurrence, un exemple qu'il serait bon de suivre : livrés à eux-mêmes, ils savent varier leur nourriture à l'infini et ne sont jamais échauffés.

LA FORCE

La force, sous toutes les formes qu'on la rencontre, a des limites.

Matérielle, animale, humaine, la force agit jusqu'à une certaine puissance, qu'une autre force lui interdit de dépasser.

Les téméraires engagent la lutte; ils en sortent inévitablement vaincus.

La témérité c'est le courage des imprudents, des impulsifs qui vont où les pousse leur besoin d'action, sans réflexion et sans calcul.

MÉDICAMENTS

Des industriels, très psychologues, très potards et très avisés, ont trouvé dans la crédulité humaine, un terrain propice pour y développer leur exploitation. A tous les malaises, à toutes les douleurs, à toutes les souffrances, ils offrent un remède, toujours souverain, cela va sans dire. Dans la thérapeutique ancienne on connaissait et on faisait usage de l'huile de foie de morue, du sirop antiscorbutique, de la tisane pectorale, des quatre fleurs, du jujube.

Avec la thérapeutique nouvelle les produits nouveaux sont devenus innombrables. On ne peut ouvrir un journal aujourd'hui sans voir la réclame de l'urodonal, du jubol, du quinol, du bricol, du focol, etc. A lire tout cela on serait en droit de se demander comment, avec tous ces précieux et souverains remèdes, il y a encore tant de gens malades.

La vérité, et l'excuse de la plupart de tous ces trafiquants, c'est que leurs produits, s'ils ne font pas de bien, ne font pas de mal, si ce n'est à la bourse des crédules qui pourraient s'en passer.

En thèse générale, on a tort de faire inconsidérément abus de médicaments, de potions, de cachets, de frictions, de piqûres pour faire disparaître des douleurs (exception faite pour les anodins maux de tête dont on connaît l'origine).

Une douleur, un malaise peut et doit être l'indice d'un mal qui couve, il faut qu'il soit déterminé pour être soigné et guéri : si vous faites disparaître la trace du mal, comment pourra-t-on essayer d'en conjoncturer la nature pour en tenter la guérison.

C'est comme si, lorsqu'un incendie se déclare, on se contentait de boucher toutes les issues, pour ne pas voir la flamme, laissant ainsi le feu faire son œuvre dévastatrice à l'intérieur, jusqu'à ce que tout remède, tout secours soit devenu inutile.

L'IGNORANCE

On plaisante volontiers l'ignorance, quelquefois même on la blâme : comme s'il était possible à un enfant, voire à un homme, voire à un savant de tout connaître. Il faut être indulgent et l'indulgence consiste à laisser à l'enfant le temps d'apprendre ; à l'homme, le temps d'étudier, de réfléchir et de retenir et au savant, faire crédit et lui laisser la latitude d'ignorer momentanément, parce que ce qu'il ignore, il n'a pas eu encore le loisir de le savoir ; et sa passion de recherche, d'investigation le lui fera sûrement connaître demain.

Il est toutefois une ignorance, non seulement qu'on peut, mais qu'on doit critiquer et blâmer : c'est l'ignorance volontairement invétérée des gens, qui s'entêtent à ne rien vouloir apprendre, qui en savent toujours assez, qui prennent le Pirée pour un homme, le Vésuve pour un fleuve, le Rhône pour un moteur, la jalousie pour une vertu, et qui ont en outre la prétention d'en remontrer aux autres.

LA BRUTALITÉ

Je crois qu'on est trop sévère, sur ce qu'on appelle la brutalité masculine en cas de danger. L'homme est un animal, raisonnable quelquefois, mais enfin c'est un animal, et de l'animal, il a l'instinct de la conservation.

S'il m'est permis de parodier le vers célèbre d'un auteur inconnu, paraît-il, je dirai :

Tout homme a dans le sein son instinct qui sommeille.

L'instinct est de toutes les facultés humaines la moins accessible au raisonnement. Quand l'imprévu détermine la peur, celle-ci ne se raisonne pas. Certaines natures réagissent spontanément, grâce au sang-froid, mais ce sont là des exceptions.

Dans les circonstances les plus banales de la vie courante, il arrive aux hommes les plus pacifiques de manquer de patience. Soyez seulement dans un endroit public où le passage se trouve un instant obstrué par une foule, même placide ; si vous êtes pressé, vous défendez-vous d'un mouvement d'impatience ?. Non, vous jouez des coudes pour passer ; s'il y a des femmes, qu'elles se garent ! Si les chemins de fer, les omnibus ou le métro pouvaient en témoigner, on en apprendrait de belles. Mais que croire, que supposer, que craindre quand un véritable danger est à courir. L'homme, même courtois, revient à sa nature, qui lui commande de se sauver coûte que coûte, il se sauve, et je crois qu'on a tort de le blâmer. Si les femmes étaient les plus fortes en pareille occurrence, elles agiraient de même. Elles sont bien plutôt les victimes de leur propre faiblesse que de la brutalité des hommes.

CONDITIONS DE L'EXISTENCE

Les conditions de l'existence depuis la création du monde ont changé, changent et changeront, en vertu de ce qu'on est convenu d'appeler le progrès. Tout le monde y pousse, chacun suivant le moyen dont il dispose, apporte sa petite pierre à un édifice qui ne sera jamais définitif ; on semble heureux et sans cesse on se lamente. Tout ce qui a été créé avait sa raison d'être créé. L'homme détruit plus qu'il ne fonde, et la disparition de ceci fait la surproduction de cela.

On a tué les oiseaux et on se plaint de la multiplicité des mouches et des moustiques.

Les statisticiens, les techniciens savants ou agronomes ont beau signaler le fait en le déplorant et en criant : « *Cave* » ; on n'en continue pas moins à détruire les hirondelles.

PROSÉLYTISME

Le prosélyte pèche trop souvent par intolérance. Il ne faut pas que de sa soi-disant vertu il fasse une tyrannie ; il faut défendre son opinion avec énergie, la proposer si on la croit bonne, mais cela, avec mesure, avec tact, et laisser à chacun la liberté de penser, de juger autrement que soi, sans amertume, sans colère, sans haine.

UNE TARE

Les myopes portent des lunettes ou des lorgnons, sans la moindre gêne, sans la moindre honte.

Les chauves remédient à leur calvitie par des perruques, ou des faux cheveux, ou des *chichis*.

Pour se grandir, on porte des talons.

Pour agrémenter leurs formes, quand la nature ne les a pas, à leur gré ou au gré de la mode, suffisamment avantagées, les femmes portent de fausses poitrines ou de faux... tutus.

Parmi toutes les fausses choses dont l'un et l'autre sexe fait usage, il n'y en a pas de plus répandues, de plus communes que les fausses dents, il n'y en a pas non plus de plus nécessaires ; et ce sont les fausses dents qui jouissent de la pire réputation, tout le monde les cache, personne n'en veut avoir.

Si la mauvaise exécution d'un travail d'apprenti mécanicien, n'était là souvent, pour divulguer le secret, tout le monde aurait à soixante ans, les mêmes dents qu'à vingt, aussi belles, aussi blanches, aussi bien rangées. Pourquoi cette partialité ? Qui trompe-t-on ?

DÉCADENCE

Tout s'en va, tout se perd ; la décadence envahit tout et porte son action perverse jusqu'en des profondeurs, qu'on ne lui aurait jamais cru devoir atteindre.

Les fleurs elles-mêmes en subissent la néfaste influence.

La violette, par exemple, la timide violette, cet emblème de la candeur et de la modestie, a perdu ses qualités. Elle s'étale orgueilleusement, je dis orgueilleusement, à toutes les boutonnières.

Avez-vous remarqué avec quelle ostentation certains porteurs de rubans, jettent négligemment de côté, le revers de leur pardessus, quand celui ci n'en est pas lui-même pourvu, pour découvrir la jaquette, le veston dont la boutonnière est copieusement ornée.

Et quand c'est le ruban rouge ! !

. . . .

CONVENTIONS

Une chose domine le monde, qu'elle fait agir, marcher à sa guise, devant laquelle s'inclinent, disparaissent même les coutumes, les habitudes, les pratiques mondaines ou sociales, cette chose : c'est la convention. Elle est maîtresse souveraine, chacun s'incline, quand elle a parlé.

Dans un salon, en hiver, de nombreux invités se sont rencontrés. Il y a là des matrones et de vieux messieurs, des jeunes gens très gourmés et de très pudiques jeunes filles ; on prend le thé, l'on cause, très librement il est vrai, puisqu'il est admis qu'aujourd'hui la seule façon de tout entendre, c'est de laisser tout dire ; mais pourtant il y a dans la tenue générale une certaine réserve, une certaine décence ; on rit, on dit, on médit, mais on s'en tient là, et l'on se sépare.

Six mois après, les mêmes invités se retrouvent au bord de la mer. A l'heure du bain, les matrones, les vieux messieurs, les jeunes gens et les très pudiques jeunes filles sont là, se prélassent au soleil, et jasent en attendant que la marée soit assez haute, pour commencer à prendre leurs ébats. Les costumes de chacun ne ressemblent en rien aux robes ou aux habits qu'on portait l'hiver ; ce sont des maillots aussi avantageusement collants que multicolores, dans lesquels chacun trouve son voisin ou sa voisine délicieusement à l'aise. Qu'y a-t-il là de si choquant ? A la mer comme à la mer. Tout est relatif après tout, et tout, même la nudité, n'est que convention dans la vie.

LA MODE POUR MESSIEURS

Je crois avoir fait le procès des femmes au sujet des modes. Pourquoi ne ferais-je pas celui des hommes, qui donnent dans le même ridicule.

Que telle façon de tailler la barbe ou les cheveux, soit plus seyante qu'une autre, plus en rapport avec la physionomie, soit ; j'admets très volontiers qu'un homme chauve se fasse coiffer à la Titus, qu'un autre adopte, ou la Bressant, ou la Capoul, ou l'Hérissé ; mais dans la tenue, dans le costume, que voit-on : des pantalons relevés, été comme hiver, par le beau temps et par la pluie. Pourquoi ce genre, pourquoi cette mode? On raconte qu'Edouard VII, alors qu'il était Prince de Galles et Parisien, entrant un jour dans ses écuries, releva le bas de son pantalon et oublia de le baisser en sortant. Il fut ainsi en ville, sans se soucier le moins du monde de ce détail; mais de cet oubli, des courtisans tirèrent un avis, presque un ordre, et la mode fut adoptée. Le même Prince de Galles oublia un autre jour de boutonner le dernier bouton de son gilet, et il fut de mode de boutonner incomplètement son gilet!

Quel est donc ce provincial dont la poitrine est barrée par une chaîne de montre? Ne sait-il pas qu'en frac, on ne doit pas porter de chaîne; qu'il y a même des montres extra-plates, spécialement faites pour habits de soirées? En l'occurrence, le provincial en question était un savant, un Parisien peu au courant des usages et des modes. Il dut quitter le salon où il avait été convié, pour se soustraire aux regards curieux et narquois des invités, qui se poussaient le coude en le regardant.

Autre mode, américaine celle-là, je crois. Elle consiste à porter des chaussures à l'extrémité desquelles le bottier a ménagé une sorte de petite chambre, élevée, arrondie et assez spacieuse pour y loger sans douleur «une exostose». La mode ne vient pas du Prince de Galles, il était mort quand elle fut lancée, mais de ce fait, qu'un roi de la mode avait eu besoin sans doute, de soigner une infirmité, devait-il s'ensuivre que la mode en fût adoptée par des gens qui n'en ont aucunement besoin.

L'HABIT NOIR ET LE BONNET

Des quiproquos et des impairs se sont produits dans les salons, avec le port de l'habit noir ; tel domestique, d'impeccable tenue, a été pris et salué comme invité, par des invités réels un peu moins impeccables que lui. Afin de remédier à cet état de choses, blessant dans certains cas, on a parlé, pour les gens du monde, d'abandonner l'habit noir et de revenir à des modes anciennes tombées en désuétude telles que la redingote, l'habit à la Française et la culotte.

L'habit noir peut avoir ses partisans et ses détracteurs ; mais, en somme, pourquoi céderait-on le pas aux valets qui, la plupart du temps, sont habillés par leurs maîtres ou tout au moins à leurs frais ; pourquoi ne leur ferait-on pas porter la livrée, aussi bien dans les antichambres que sur le siège, comme c'était d'usage autrefois.

Du côté féminin, le même fait se produit : les femmes de chambre imitent leurs maîtresses de la façon la plus parfaite et la plus imprévue : l'illusion est quelquefois complète. Il est vrai de dire que si elles y réussissent si bien, c'est qu'elles ont, pour y parvenir, eu recours à de légers emprunts, qu'elles se sont affublées d'oripeaux volés. Reverra-t-on jamais les servantes, comme autrefois, porter modestement un bonnet? C'est peu probable; la génération actuelle a jeté les siens par-dessus les moulins et comme il n'y a plus guère de moulins aujourd'hui, mieux vaut ne plus porter de bonnets, que ne savoir qu'en faire.

Observez-vous, mesdames; il n'y a que votre tenue, votre distinction, vos allures, qui puissent vous sauver et vous empêcher d'être confondues avec vos servantes, si jolies [illegible]ent-elles.

MANIÈRE D'APPRÉCIER

N'est-on pas choqué du ton péremptoire, qu'emploient certaines personnes pour affirmer une opinion?

Ceci est bien! Ceci est mal!

Il serait cependant bien simple, d'atténuer un peu son intransigeance, et de dire :

Je trouve ceci bien, je trouve ceci mal : mais alors on laisserait à la partie adverse, un droit d'appréciation, et l'autorité qu'on veut avoir et imposer en souffrirait.

Une opinion ainsi exprimée dénote quelquefois une incomplète instruction et toujours un manque d'éducation.

L'ORGUEIL

L'orgueil est une incurable maladie : ceux qui en sont atteints semblent chercher, sous quelle forme ils pourraient la manifester; ils y arrivent quelquefois d'invraisemblable façon.

C'est ainsi que des personnages influents, des notabilités politiques, financières, littéraires, artistiques, militaires ou autres, se sont trouvés un beau matin, des parentés insoupçonnées en recevant une lettre de faire part où figure leur nom.

L'orgueil a fait mettre en effet aux intéressés, à la suite des modestes parents les plus proches, le nom et les qualités d'un arrière-petit-cousin à la mode de Bretagne qui, à lui seul, augmente et rehausse la douleur d'une perte cruelle :

M. le marquis Un Tel, sénateur, ancien ministre, grand officier de la Légion d'honneur, décoré de la médaille militaire, chevalier du Mérite agricole, et décoré d'une foultitude d'ordres étrangers...

Vanitas !

ENCORE L'ORGUEIL

Il n'est pas rare non plus d'entendre des gens se prévaloir d'une parenté, réelle quelquefois, et de s'en servir comme intimidation, quand, à tort ou à raison, on doit avoir à se plaindre.

Vous aurez, disent-ils, de mes nouvelles ; je connais M. Durand, député. Or, chacun sait l'omnipotence, la toute-puissance, l'influence dont disposent nos représentants du peuple. Cela constitue du chantage ; mais le malheur, c'est que cela prend souvent. La crainte de représailles possibles, sinon certaines, domine, et le sentiment du devoir est étouffé ; on laisse faire, pour « ne pas avoir d'histoires », car c'est la formule : combien de très hauts fonctionnaires, aujourd'hui, la connaissent et la pratiquent.

EXCÈS DE PROPRETÉ

La propreté est une qualité ; elle peut devenir même une vertu domestique, mais à condition de rester, d'opérer dans les limites du bon sens et de ne pas dégénérer en manie.

L'hygiène, dont on parle tant à notre époque, trouve dans la propreté sa plus précieuse collaboratrice, mais chacun sait que, l'excès en tout est un défaut : même pour la propreté. En voici un exemple :

Une jeune maman, cédant aux prières de ses enfants, avait fait, pour leur complaire, l'acquisition de poissons rouges. Pour rien au monde elle n'eût voulu laisser à des mains mercenaires, le soin de nettoyer chaque matin l'aquarium ; et chaque matin elle vidait l'eau de la veille, brossait, frottait, astiquait au savon, au sable, à la potasse même, tant et si bien que dans leur demeure de cristal, d'une limpidité toujours parfaite, tous les poissons moururent.

L'excès en tout est un défaut.

ÉDUCATION PARACHEVÉE

Une chose essentielle, indispensable, manque et manquera longtemps sans doute dans l'éducation masculine, si précaire déjà. On apprend peu et mal aux jeunes gens à se conduire dans le monde ; on les prépare mal à la lutte qu'est la vie ; on leur apprend moins encore à conduire et à diriger les autres.

Combien de jeunes hommes, en se mariant, s'inquiètent, se doutent qu'ils vont avoir à s'occuper de l'éducation de la jeune femme dont ils font leur compagne. C'est là pourtant une besogne utile, nécessaire, d'où découlera tout un avenir de bonheur ou de misère.

La femme mariée, qui vient d'abandonner sa situation de jeune fille, a toujours besoin d'être éduquée, instruite, dressée, pour remplir de convenable façon la condition nouvelle dans laquelle elle aura à évoluer. Mais, de cela, on ne s'inquiète guère. On se contente de jouir du bien qu'on possède, on l'aime tel quel, aveuglément, sans plus ; on pèche par ignorance et par inconscience.

La jeune fille a vécu, a grandi, s'est développée souvent dans une atmosphère d'exemples pernicieux où elle a puisé des idées d'indépendance qui cadreront très mal dans l'avenir, avec les obligations matrimoniales.

L'homme qui pèche ainsi par inadvertance est coupable, coupables ceux qui ne l'ont pas mis en garde contre un état de choses, dont ils ont souffert avant lui.

Quelle anomalie pourtant : du bonheur conjugal on ne se soucie pas ; mais on dirige et on dresse des ouvriers d'où dépendra la prospérité d'un commerce ou d'une entreprise ; on dresse un chien de chasse qui devra remplir à souhait son emploi.

La femme, on la laisse livrée à elle-même, on

subit par le même fait son ascendant, et comme d'instinct elle est plus fine, plus rusée que l'homme, c'est elle seule qui fait son avenir et l'état futur de son foyer.

Les femmes mariées dont les maris ne se sont pas assez occupés, s'autorisent de ce fait pour prendre des prérogatives qu'il est difficile, dans la suite, de leur retirer ; elles ne méritent pas toujours d'en conserver les avantages, mais le pouvant, elles veulent en profiter pour tout conduire et tout régenter.

C'est là l'origine de la presque totalité des mauvais ménages.

DU COSTUME

Dans l'histoire de la civilisation, la question du costume a toujours tenu une place attrayante.

Petits et grands s'intéressent aux multiples transformations qu'a subi, depuis l'origine du monde, la manière de se vêtir.

Sans remonter au déluge, on constate que depuis deux siècles seulement, la mode, comme tant d'autres choses, est un éternel recommencement.

Ce qui a complètement disparu, ne méritait pas à coup sûr d'être conservé, et les résurrections sont rares : seules ont quelque chance de revivre les vieilles coutumes depuis longtemps abandonnées, que des chercheurs découvriront et remettront en lumière pour satisfaire les fantaisies et les excentricités féminines.

Parmi les costumes totalement disparus, il en est un que je souhaiterais connaître, c'est le costume de poète.

J'ai trouvé, dans un ouvrage que Brizeux consacre à l'auteur de *la Divine Comédie*, le passage suivant :

— « Dante mourut à Ravenne, en 1321, à l'âge de cinquante-six ans. Il fut enseveli avec pompe et en habit de poète. »

A une époque plus récente, lors de la mort d'un de nos plus purs poètes français, Victor de Laprade, on put lire dans le compte rendu de ses funérailles, faites à Lyon, sa ville natale, que dans le cortège se trouvait une délégation de poètes en grand costume. C'est là où j'en voulais venir ; il a, c'est notoire, existé un costume de poète ; le modèle en aurait-il été perdu ? Il n'apparaît guère qu'on doive le chercher dans la longue redingote de Lamartine à Passy, non plus que dans le manteau de Musset sur la place du Théâtre-Français, et moins encore, j'imagine, dans les draperies dont il a plu à l'illustre Rodin, d'affubler Victor Hugo dans le jardin du Palais-Royal.

LES MOUCHES

Ce n'est un mystère pour personne, que les gens simples de la campagne, les femmes surtout, sont pleines de bon sens, et que ce bon sens compense, dans une très vaste mesure, l'éducation ou plutôt l'instruction qu'elles n'ont pu recevoir.

On demandait à une campagnarde à quoi servaient les araignées. Elle répondit simplement : « A être propre. »

C'était à une époque très lointaine et on ne songeait pas alors à livrer administrativement bataille aux simples mouches; les microbes n'étaient pas encore inventés et l'on ne se souciait pas encore d'enrayer savamment le progrès des maladies organiques, pas plus que de la tuberculose.

Il n'empêche que selon la formule de la vieille campagnarde, un des meilleurs moyens de se préserver des mouches ou des araignées est encore l'ordre et la propreté. Dans une maison où rien ne traîne qui puisse les attirer, les mouches ne viendront guère. Essayez-en, c'est peu coûteux. Dans tous les cas, vous vivrez dans de meilleures conditions d'hygiène.

ÉDUCATION DES ENFANTS

C'est mal aimer ses enfants que les gâter outre mesure. On les laisse dire et faire tout ce qu'ils veulent, on s'extasie devant leur instinctive malice, on les porte aux nues, on est fier de leurs réparties et de leurs exploits. Plus tard on en souffre, ils en souffrent eux-mêmes, mais il est trop tard pour y remédier : le pli est pris, l'habitude est devenue maîtresse et le mal est indéracinable.

Ces considérations sont les mêmes vis-à-vis du peuple ; son esprit est gangréné par les idées fausses qu'on lui inculque et les utopies dont on semble, de parti pris, vouloir le nourrir.

L'EXEMPLE

L'exemple est contagieux. C'est là un fait absolu. Les circonstances de la vie en fournissent chaque jour une preuve nouvelle. La recrudescence dans la similitude des crimes, n'a pour raison que l'exemple divulgué.

La contagion s'opère dans le bien et dans le mal ;

mais c'est surtout dans l'imitation du mal, que nous porte la pauvre nature humaine.

La fréquentation des cabarets trouve son principal aliment dans l'exemple.

L'arpète, comme on l'appelle en terme d'atelier, imite le compagnon, pour faire l'homme et se donner de l'importance ; plus tard, ouvrier lui-même, il sera fier de faire des prosélytes.

L'homme brutal et paresseux, ouvrier, artisan ou autre, jette dans l'esprit et dans le cœur de l'enfant un grain qui, par l'exemple, ne tardera pas à germer.

Le tort de la société, qui a la prétention de tout faire pour le peuple, c'est de ne pas chercher et surtout de ne pas trouver un palliatif, d'abord, et ensuite un remède à cet état de choses.

C'est encore là, un des rôles de l'école éducatrice.

L'enfant imite d'instinct. N'avez-vous pas remarqué que, sans qu'on le lui ait appris, l'enfant imite les gestes et les allures de son père ; qu'il lève son chapeau ou son béret sans bien savoir pourquoi, simplement parce qu'il a vu faire ce geste ; qu'il saluera au passage, un enterrement ou un drapeau, sans qu'on le lui dise parce qu'il aura vu ainsi faire. Si donc, joint à l'instinct d'imitation qui le pousse, on parvient par le raisonnement à lui faire comprendre le mobile inconscient de sa conduite, il pourra sciemment persévérer dans le bon exemple.

Voilà où devraient tendre tous les efforts de ceux auxquels est confiée l'éducation des enfants ; mais hélas, l'on ne s'en soucie guère, et l'on s'étonne que la jeunesse soit plutôt perverse, et que la criminalité augmente. Il faut faire une loi pour l'éducation, comme on en a fait une pour l'instruction obligatoire, mais à condition qu'elle ne soit pas lettre morte et qu'on tienne la main à sa stricte exécution.

Les enfants qu'on instruit et qu'on éduque sont les hommes de demain ; ces hommes seront des électeurs et par conséquent des maîtres ; tâchons que ces maîtres ne nous fassent pas rougir d'être Français, et que lorsqu'ils seront nos représentants, nos ministres, nous soyons au moins fiers d'être gouvernés par des gens bien élevés, qui sauront se tenir à une tribune, et ne prononceront pas de discours, en gardant les mains dans la poche de leur pantalon.

ORIGINALITÉ

A l'époque de fièvre où nous vivons, avec la surproduction qui déborde de tous côtés, celui qui crée, qui produit, qui invente, cherche à se singulariser, à se distinguer du commun des mortels par une originalité.

Y réussit-il ? Non, dans la majeure partie des cas ; oui, d'une façon toute exceptionnelle.

Poètes symbolistes, décadents et autres faites-vous des vers plus harmonieux, plus clairs, plus limpides, plus beaux que n'en ont fait Racine, Lamartine, Hugo, Musset ?Non !

Peintres impressionnistes, cubistes, rondistes, uniformistes, qui faites des arbres violets, de l'herbe bleue ou des femmes vertes, sous prétexte que telles vous voyez ces différentes choses. Faites-vous mieux que toute la peinture antique ? faites-vous mieux et plus beau que Delacroix, Corot, Courbet, Bouguereau ? Non !

Médecins, apothicaires et pharmaciens, droguistes, avec vos traitements nouveaux, vos marchandises et vos produits, faites-vous mieux et obtenez-vous généralement des résultats meilleurs, que vos confrères d'autrefois ; ils ne connaissaient guère, ne se servaient et n'appliquaient que la médecine naturelle qui a pourtant fait ses preuves ! Non !

Ebénistes, fabricants de meubles, vos fantaisies, vos arts nouveaux, peuvent-ils rivaliser et surtout détrôner les styles anciens, ou le Louis XIII, ou le Louis XV, ou le Louis XVI, ou l'Empire ? Non ! Là il y avait de la grâce, de la ligne, de l'harmonie.

Et vous, inventeurs de modes, qui faites porter à nos femmes des déguisements ridicules à toutes les époques de l'année, en dehors du carnaval, n'avez-vous pas conscience du ridicule dont vous les couvrez en guise de vêtements ; avec vos chapeaux démesurés, ou ronds, ou carrés, ou triangulaires, ou pointus ; garnis de fleurs, de fruits, de volailles ou de légumes, avec vos robes entravées et collantes ; avec vos dessous, suggestifs peut-être mais indécents ; avec vos corsets de toutes dimensions, de toutes formes, sauf des dimensions et des formes nécessairement naturelles ; avec vos chaussures et vos talons ; avec tout cela hygiéniquement hypocrite, embellissez-vous la femme ? Non, mille fois non ; vous la ridiculisez tout simplement ! Votre excuse, c'est que vous êtes arrivés à en faire votre complice !

Mais il n'en est pas moins vrai qu'elle est votre dupe, et nous, hommes, aussi par contre-coup.

Cherchez si vous voulez à embellir la femme, mais en lui laissant sa structure, sa forme naturelle qui est toute sa beauté.

En aucun cas, l'originalité ne devrait être une sorte de contrebande de mauvais aloi.

L'ENTÊTEMENT

L'entêtement est un travers presque exclusivement féminin.

Je dis presque, car il se rencontre aussi, quoique moins souvent dans le sexe fort.

La raison déterminante de l'entêtement est identique pour tous. On persiste dans une idée fausse, on s'y enfonce, on s'y cramponne, on s'y noierait même, dans le seul but de sauvegarder sa dignité, celle-ci ne dût-elle avoir à souffrir, ni d'une excuse, ni d'un aveu.

La persistance qu'on met à vouloir avoir raison quand même, finit par vous faire choir dans le ridicule.

Il est pourtant si simple et si beau, de savoir grandir un prestige qu'on veut conserver, en avouant ses torts.

Plus l'exemple mauvais vient de haut, plus il est funeste pour la multitude.

N'a-t-on pas vu un empereur contemporain décréter que le XXe siècle commençait en 1900. *Errare humanum est*, et pour être empereur, on n'en est pas moins homme.

CONSEILS PERVERS

Ce qui se produit pour le peuple en général, au sujet des conseils pervers qu'on lui donne, se rencontre également dans chacun des éléments essentiels, dont le groupement forme la société.

Les théories, malsaines parce qu'elles sont mal expliquées, mal appliquées et mal comprises, dont on cherche à farcir l'esprit du peuple dans un but intéressé, ont abouti jusqu'à présent, à lui faire perdre le peu de bien-être dont il pouvait jouir quand il ne songeait qu'au travail même pénible et qu'il se contentait d'un bonheur relatif. Que lui ont procuré les idées nouvelles qui devaient pour lui, changer la face des choses? Les grèves ont fait rage, tout le monde en a souffert et le bénéfice tiré a-t-il été sensible, tangible pour quelqu'un? Est-il de nature à contre-balancer les souffrances endurées? Oui, diront certainement ceux qui sont intéressés à en fomenter de nouveau. Non, diront ceux qui en ont pâti.

N'a-t-on pas eu ce pénible spectacle, des instituteurs, ces éducateurs ou du moins ces hommes qui devraient être les éducateurs de l'enfance, se mettre en rébellion contre les règlements et refuser d'obéir aux injonctions, jusqu'à ce que le mot d'ordre de leur Syndicat, eut décidé de l'attitude à prendre.

Une autre catégorie d'individus gangrénés sans avantages appréciables pour elle, c'est la catégorie des domestiques, des servantes.

Sont-ils plus heureux ces gens, dont la condition sociale est de servir les autres, condition peu enviable, mais enfin en rapport direct avec leurs aptitudes et leurs capacités; sont-ils plus heureux depuis qu'on leur a fait goûter le lait de l'indépendance ? Ils ne peuvent pas ne pas être dépendants pourtant ; or, ils sont contraints pour se donner une illusion de liberté, de rouler de familles en familles, de places en places, ne s'attachant à personne, se faisant haïr par tout le monde, n'ayant en perspective que de vieillir misérables ; à moins qu'ils aient su ou pu grapiller, voler suffisamment leurs maîtres successifs, pour se mettre à l'abri du besoin.

On pourrait multiplier les exemples de ceux que des conseils pervers, incitent à prendre des airs d'indépendance. Dans la vie, on dépend toujours de quelqu'un ou de quelque chose.

Ceux qui se considèrent comme des victimes, ne sont nullement les victimes ou des patrons, ou des bourgeois, ou des maîtres qui, en général, n'exploitent qu'autant qu'on veut être exploité. Sont des exploiteurs criminels, ceux qui n'ont qu'une idée, qu'une ambition, se faire à eux-mêmes une popularité malsaine.

TRIVIALITÉ

Ce n'est évidemment pas un mystère ; ce n'est faire injure à personne, je suppose, que d'avancer ceci : en général le peuple est plutôt porté vers la trivialité que vers la décence du langage.

Écoutez ces ouvriers qui sortent de chez le marchand de vins (ces deux termes sont on le sait inséparables puisqu'ils ne vivent que l'un pour l'autre et l'un par l'autre : là encore, comme toujours,il y a un exploiteur et un exploité, mais c'est à qui ne veut pas l'être)! Écoutez-les ces ouvriers,ils discutent et naturellement finissent par se disputer, le poison qu'ils viennent d'absorber, aidant: quelles expressions choisies, quelles belles épithètes sonores émaillent le vocabulaire; ils vont jusqu'à insulter la nature dans leur inconscience, et à salir par leurs propos, d'inoffensifs ruminants.

Rentrés chez eux, dans leur propre maison, à leur foyer, devant leurs femmes, leurs enfants, ils continuent à vitupérer. Qu'arrive-t-il ? c'est évidemment dans ces circonstances, que l'enfant, ce petit être, ce petit cerveau enregistreur, contracte les premières habitudes d'un laisser-aller, d'une grossière qui fera de lui plus tard un voyou, souvent graine d'apache, ou sans aller si loin, un citoyen, trivial, mal éduqué, mal élevé. Une habitude d'aménité, de politesse, de retenue, de courtoisie, serait pourtant, semble-t-il, si facile à prendre. En se traitant avec aménité, les gens du peuple, les ouvriers, dans leurs rapports journaliers, pourraient pourtant faire faire un grand pas à l'éducation populaire, qui s'améliorerait au lieu de se contaminer par contact.

DÉMOLITION

Paris se transforme. Tout ce que, faute de temps, la pioche du baron Haussmann n'a pu abattre, il y a cinquante ans, disparaît peu à peu. Tous les vieux quartiers s'écroulent, l'hygiène a passé par là, et l'on assainit. Sur l'emplacement de rues étroites, de masures, on fait passer de larges voies et l'on élève de somptueux immeubles. On le déplore. On le déplore pour les familles pauvres, pour les ouvriers qui trouvaient jadis à se loger au centre même de Paris et qui sont aujourd'hui obligés d'aller loin, très loin chercher des abris. A-t-on raison de se plaindre? On demande que des logements modestes soient mis à la disposition du peuple. Qu'en ferait-il? ce qu'il fait habituellement des locaux qu'il occupe, au grand dommage des propriétaires qui lui louent. L'ouvrier respecte à peine ce qui lui appartient en propre; il gâche, il gaspille, il saccage, comme à plaisir; comment aurait-il des égards pour ce qui n'est pas à lui, ce qui est au *sale proprio,* cet exploiteur.

Qu'on fasse l'expérience et qu'on installe des ménages d'ouvriers dans de jolis locaux neufs, gais et pimpants, et qu'on y aille six mois après !

LE PEUPLE SOUVERAIN

Il faut être volontairement aveugle et vouloir flatter quand même le peuple, pour ne pas le blâmer dans ses excès, dans ses méfaits, dans ses injustices.

C'est avouer cyniquement qu'on compte sur lui, qu'on en a besoin pour la réalisation de certains projets (où il n'a lui-même rien à gagner quoiqu'on lui fasse croire), que d'encourager tacitement le peuple à persévérer dans les erreurs où on l'a conduit.

On a trop fait pour le peuple, l'habitude est prise, on ne peut pas reculer, il faut faire plus encore, il faut donner, donner encore, donner toujours, et ce ne sera jamais assez.

On a dit : « Tout pour le peuple et par le peuple », il s'agit de tenir ses promesses, de s'exécuter. Vous êtes débordé : tant pis, il ne fallait pas promettre.

Compter sur un retour au bon sens, à la raison, serait illusoire ; le peuple usera de violence pour obtenir et maintenir les droits que vous lui avez donnés, et il ne s'inclinera, il ne désarmera que devant une force plus forte que sa puissance.

Le peuple est arrivé au *summum*. Qui reculera ?

DANS LA RUE

Dans la rue, la circulation devient de plus en plus difficile pour les paisibles piétons.

Je ne parle pas des chaussées qui appartiennent exclusivement aux rouleurs et aux rouleuses, mais bien des trottoirs sur lesquels à une époque on se trouvait à peu près en sécurité.

Les ouvriers sont insolents, arrogants, grossiers et les femmes sont encombrantes.

Les ouvriers chargés souvent de leurs outils, pelles, pioches, scies, plâtre, couleurs, échelles, vous bousculent et vous salissent.

Les femmes très gênées, elles-mêmes, il faut l'avouer, dans leurs entournures et dans leurs jupes trop étroites, encombrent le chemin avec leurs chapeaux, hier démesurément volumineux et aujourd'hui ridiculement garnis de plumes et de plumets qui se posent ou à droite, ou à gauche, ou en l'air, mais qui généralement débordent de gênante façon pour quiconque passe à leur portée.

Le piéton pacifique, que ne gêne aucune de ces excentricités, éprouve dans la rue, de temps à autre, une très douce satisfaction : c'est quand il voit aux prises deux ouvriers qui se sont mutuellement bousculés et qui se disent des aménités : ou deux femmes qui, après s'être bien examinées de loin, comme elles savent le faire, se rencontrent, se frôlent, se touchent et s'accrochent ou par des épingles ou par des agrafes. Quels airs ! quels regards !... Quelle vengeance pour les hommes.

ÉDUCATION

La mauvaise éducation se traduit de différentes façons, suivant la situation sociale que chacun occupe.

Ce qui est grossièreté de la part du peuple mal éduqué, et dont par cela même la responsabilité se trouve atténuée, est manque de tact ou familiarité déplacée chez les gens un peu plus instruits.

Le plus coupable est celui qui, volontairement, est grossier ou trop familier, en connaissance de cause. Il entend ainsi protester contre la théorie des imbéciles qui prétendent qu'en République tous les hommes ne sont pas égaux.

ADMINISTRATION,
POLITIQUE

LA POLITIQUE

La politique est la pire des maladies dont puisse être atteint un pays : c'est la maladie contagieuse par excellence. Elle fait au moral plus de mal que n'en fait par contagion, la fameuse tuberculose dont on a appris à mourir depuis un nombre restreint d'années. Les médecins le disent, ce doit être vrai.

La politique est une maladie mentale. Celui qui en est atteint, n'a plus son libre arbitre, et pour peu qu'on le pousse, il devient furieux.

La politique exclut toute sincérité.

Elle fait naître et développe toutes les ambitions malsaines.

Elle fomente les haines.

Elle couvre de son manteau les pires exactions, les crimes même puisque, paraît-il, il ne se commet pas de crimes en politique.

C'est à elle qu'on doit la division et la subdivision des partis, qui sont eux-mêmes la négation de tout progrès, puisqu'ils se paralysent, c'est elle qui fait naître les émeutes et les grèves.

C'est à elle que revient la responsabilité des guerres.

Et malgré tout cela la politique vit et vivra toujours, parce que trop de parasites en tirent parti et ont intérêt à entretenir son existence.

LE SOCIALISME

Le socialisme, dans son outrance intéressée, tuera la société sous le prétexte de la sauver.

Hors de ses théories, il n'y a plus de salut ; quiconque ne professe pas ses idées avancées, n'est qu'un rétrograde.

Les partis modérés que forment les républicains honnêtes, pondérés, raisonnables, ne sont, pour le socialisme, que ramassis de réactionnaires et de cléricaux.

Le socialisme parlementaire, avec toutes ses irréalisables extravagances et ses utopies, ne doit-il donc être maté, muselé, que par un tyran ou un despote ? Il aurait fait alors belle besogne.

FAÇON DE PARLER

On a quelquefois eu l'occasion de voir aux prises, ces deux pouvoirs qu'on appelle le pouvoir législatif et le pouvoir exécutif. Lorsque la querelle s'envenime, il n'est pas rare d'entendre lancer par quelque député, cette apostrophe à un adversaire : « Nous sommes les représentants du peuple ! » Sont-ils tous convaincus, ceux qui se servent de cette expression impropre, ou sont-ils volontairement inconscients ; car en somme, enfin ils ne sont pas, quoi qu'ils en disent, les représentants du peuple, ils sont les représentants des comités respectifs qui les ont fait élire, lesquels comités ne sont pas tout le peuple, loin de là ! Le peuple, on l'enjôle, on le bride, on le conduit, on lui fait dire ce qu'on a besoin qu'il dise et c'est tout. Le député n'est donc, à notre époque, avec la façon admise de faire les élections, que l'élu d'un nombre restreint d'individus qui ne représentent eux-mêmes qu'une infime minorité du peuple. On comprendrait encore qu'un député fût nommé dans un pays qu'il connaît, et où il est connu, où il a des attaches par sa naissance, par sa famille, mais tout autrement se passent les choses aujourd'hui et l'on voit couramment un candidat quitter son Midi pour aller solliciter des suffrages dans le Nord, ou venir de l'Est pour se faire nommer en Bretagne, ou bien, chose plus bizarre encore, un blackboulé de Paris au premier tour de scrutin, aller se faire investir à Marseille. Ceux-là, en toute logique, peuvent-ils se dire amphatiquement les représentants du peuple. Seuls pourraient se targuer de l'être et en ressentir quelque fierté, des hommes universellement connus, appréciés et aimés du peuple, comme les Thiers, les Gambetta, les Déroulède, les Rochefort, les Boulanger, qui, à tort ou à raison, là n'est pas la question, ont soulevé l'enthousiasme populaire et ont vu se grouper sur leur nom d'innombrables voix.

RÉPUBLIQUE ET RELIGION

Je trouve dans un beau livre de Géruzez, l'illustre suppléant de Villemain à la Sorbonne, cette pensée : « Faites entrer chez vous le plus de religion et le moins de religieux que vous pourrez. » Ce n'est pas une parole d'athée, car le penseur, imbu du plus pur déisme, a soin d'expliquer que son aversion pour les prêtres a la même essence que l'aversion qu'on éprouve pour les médecins, et qu'il ne faut voir là qu'un goût très-prononcé pour la santé et pour Dieu.

Les prêtres ont abusé de leur pouvoir, leur intransigeance, leur intolérance, ont fini par lasser ; ils auraient tué la religion, si la religion pouvait être détruite.

Les républicains sont les religieux du régime que la France s'est donné.

De l'intolérance, de l'intransigeance qu'ils ont reproché au clergé, ils ont fait leurs armes habituelles, et là où la religion a pu rester victorieuse, la République, qui n'a pas des siècles de vitalité dans les veines, pourrait bien succomber.

Pour que la République vive, il faut la faire aimer et n'en pas faire un épouvantail.

Le gouvernement de la France, qui est un pour

tous, devrait pouvoir être accessible à tous; mais les détenteurs du pouvoir ne l'entendent pas de cette oreille; ils font passer leurs intérêts particuliers, avant l'intérêt du pays, et ils repoussent systématiquement le concours de quiconque ne porte pas l'étiquette de républicain intransigeant et farouche. Être tiède, c'est-à-dire modéré ou raisonnable, c'est être un futur renégat.

Quant aux adversaires loyaux qui, sans nourrir de projets criminels à l'endroit du régime, ne demanderaient qu'à apporter à la France, au pays, le part contributive de leur savoir, de leur expérience, de leurs scrupules, pour gouverner, on les évince en parodiant le vers de Molière :

Nul n'aura de pouvoir, hors nous et nos amis ?

C'est que le pouvoir est tout aujourd'hui pour nos républicains. C'est grâce à lui qu'on a vu et qu'on voit d'intègres députés ou sénateurs entrés pauvres au Parlement, en sortir ministres copieusement dotés et rentés.

Quand on détient le pouvoir, on case ses créatures ; les sinécures n'ont pas été inventées pour les chiens, après tout ; quand il n'y en a plus assez, on en crée ; c'est la France qui paie, qu'importe. La France est riche et dût la France mourir d'épuisement, nous entendons, nous républicains, être les seuls à boire son sang.

Voilà pourquoi il faudrait, en France, un peu plus de République vraie et beaucoup moins de faux républicains.

LE PEUPLE SOUVERAIN

Dans une République, n'est-il pas bizarre de constater que c'est un tyran occulte qui gouverne.

Le tyran qui gouverne la République, c'est le peuple ; le peuple est souverain, le peuple est roi ! S'il prenait fantaisie a un bon plaisant de crier dans une rue : « Vive le roi ! » Toutes les portes des prisons, depuis la Santé jusqu'à Fresnes, s'ouvriraient à deux battants pour l'hospitaliser ; mais on crie impunément aujourd'hui : « Vive le peuple ! » ce qui est tout un, et rien ne bouge.

Le peuple est le maître ; on le gâte, on l'adule, on le choie, comme hypocritement on flatte, on gâte, on adule et on choie un être qu'on craint, qu'on redoute, mais dont on a besoin.

La République a besoin du peuple. C'est lui qui la fait vivre ; elle en a fait son enfant gâté, croyant en faire son soutien ; seulement voilà, de temps à autre, comme tous les enfants gâtés et mal élevés, le peuple devient exigeant, commet des méfaits que les plus indulgents de ses éducateurs sont dans la nécessité de réprimer ; c'est ce qu'on appelle les émeutes et les grèves.

On sévit, on fusille, on révoque.

Et le peuple s'étonne et s'émeut, et menace ; alors on répare ; on ne rend pas la vie aux fusillés, mais on fait des pensions aux veuves et aux orphelins, on réintègre dans leurs fonctions les révoqués ; et personne n'est satisfait, personne ne comprend, parce que tout le monde ignore ses devoirs et ses droits.

Le peuple ainsi traité se trouve dans la situation d'un chien qu'on croit avoir dressé.

Si, par instinct, un jour il pèche contre la théorie du maître, et que celui-ci le fouaille, le chien ne comprend plus, n'obéit plus et quelquefois il se révolte.

Qu'on ne dise pas que je fais insulte au peuple en le comparant à un chien, car entre les deux, c'est encore au chien que va ma préférence.

L'ennemi du peuple, c'est la collectivité.

LIMITE D'AGE

Cette expression n'éveille que l'époque de mise à la retraite, des vieux serviteurs du pays. Passé un certain âge, après un certain nombre d'années de services, on fend l'oreille aux officiers de tous grades, on invite à rester chez eux les fonctionnaires de tous ordres.

La limite d'âge n'est faite que pour atteindre les vieux.

Je voudrais voir une limite d'âge imposée au début de toute carrière.

Le soldat débute jeune et gagne ses galons. Le fonctionnaire conquiert ses grades. L'homme politique seul, lui, entre d'emblée dans la mêlée : si la loi ne l'obligeait pas à attendre sa vingt-cinquième année, je crois que certaines natures précoces y entreraient dès le lendemain de leur première communion.

Qui osera certifier la maturité d'esprit d'un homme, pour la politique, à l'âge de vingt-cinq ans.

Une pareille mesure rendrait service à tous, et en premier lieu aux jeunes ambitieux, aux présomptueux, qui ne craignent pas, pour remplir leur mandat, d'afficher des opinions, de prononcer des harangues qu'ils peuvent croire vraies dans la fougue de leur jeunesse et de leur inexpérience, mais qu'ils renieront quand la vie aura fait son œuvre et qu'ils auront quarante ans. Loin de moi l'idée de suspecter la sincérité de ces fougueux parlementaires qu'attire les arcanes de la politique, mais j'en appelle à leur loyauté, ne vaudrait-il pas mieux et pour eux et pour les autres, qu'ils fissent leur apprentissage de législateurs et de gouvernants autre part qu'au Parlement. En abordant la tribune à quarante ans, ils y apporteraient une maturité d'esprit qui leur manque avant cet âge, ils auraient en outre une autorité qu'on est en droit de leur refuser, et ils ne seraient pas contraints de se désavouer, quand pour eux arrive l'heure de...,comment dit-on?...d'évoluer.

L'ASSISTANCE PUBLIQUE

Depuis que l'administration de l'Assistance publique est archi-millionnaire, grâce aux libéralités qu'elle est autorisée à recevoir, et qui, de jour en jour grandissent sa fortune, tout ce qui, de cette immense fortune, n'est pas absorbé par le fonctionnarisme, reçoit sa véritable destination et sert d'une façon globale à subvenir aux besoins des malheureux.

On multiplie les mesures d'hygiène ; les murs des édifices publics, l'intérieur des véhicules de toutes sortes sont constellés d'affiches, portant ou recommandation ou défense de faire ou de ne pas faire telles choses, pour éviter la propagation de maladies contagieuses.

La santé publique est admirablement préservée ; on muselle les chiens ; on abat impitoyablement ceux qui sont enragés ; on réglemente la circulation des voitures de toutes espèces, de telle sorte que le pauvre piéton, obligé de traverser les chaussées, n'est plus écrasé que méthodiquement ; on interdit de jeter sur la voie publique, ou des papiers ou des ordures : en un mot, toutes les mesures semblent donc prises pour que l'hygiène publique bénéficie de tous les progrès.

Tout n'est pas fait pourtant, sans parler de l'irréalisable.

Qui n'a rencontré sur son chemin, dans les rues, des êtres que leur tenue et leur saleté rendent abjects.

Qui n'a été profondément ému en croisant, dans Paris même, des malheureux grelottants, suant la fièvre, sortes de fantômes, foyers ambulants de maladies et de contagions.

Qui n'a vu, et principalement les jours de fête, des loqueteux et des mendiants estropiés, étalant au soleil leurs infirmités, leur misère et leur vermine.

Pareilles choses devraient-elles être tolérées. Les agents qui sont chargés du service de la voie publique, qui ont mission de verbaliser contre les délinquants maladroits qui jonchent le sol de leurs ordures, ne devraient-ils pas être autorisés, commandés même, pour conduire au poste ceux qui le méritent souvent plus que les camelots ; et faire diriger d'urgence, dans les asiles ou dans les hôpitaux, les souffreteux qui se traînent, sans oser même souvent solliciter une aumône, qui ont besoin d'être soignés, d'être guéris.

Je crois l'administration de l'Assistance publique assez riche, si les locaux lui manquent, pour faire édifier de nouvelles maisons dans ce but.

On trouve bien, d'autre part, des millions pour construire des prisons modèles à l'usage des escarpes et des voleurs, pour lesquels la société, ou du moins ses représentants, ses mandataires se montrent pleins de mansuétude et de commisération, autrement dit de respect et de crainte.

ENCORE LES MÉFAITS DE LA POLITIQUE

La politique, tout le monde le sait, le dit, le répète, la politique est la pire des choses. Elle embrouille tout, elle nuit à tout ; elle brouille les familles et les amis, paralyse les affaires de l'État. Quel service rendrait au pays celui qui trouverait le moyen de tout régler, de tout réglementer, de tout diriger sans gouvernement, sans ministres, ni députés, ni sénateurs, ni rien ; qui n'a remarqué la tranquillité dans laquelle on se complaît, quand les Chambres sont en vacances, et qu'on peut ouvrir, le matin, son journal sans y lire le compte rendu des séances, des interruptions, des amendements, des décisions, des interpellations, des répliques et des votes, qui se contredisent sans cesse et d'où sort, souvent, le renversement d'un ministère qui plaisait au pays. Un ministère de trop longue durée lasse la patience des ambitieux compétiteurs qui convoitent les places avec tous les avantages y attachés. Le pays ne comprend rien à toutes ces subtilités de couloirs, et il consentirait, j'en suis sûr, à payer quinze mille francs par tête les représentants du peuple qui consentiraient à vivre tranquillement chez eux, occupés de leurs affaires au lieu de se croire, par respect humain, obligés de venir faire leur correspondance à la Chambre et au Sénat, ou d'aller à la buvette et de fumer des cigares dans les couloirs aux frais supplémentaires, de « *la princesse* ». En réalité, la politique ne semble avoir été inventée que pour satisfaire les ambitions de quelques-uns, au grand dommage de la généralité. Elle inspire à ceux qui la pratiquent, la cultivent et sont les plus forts, parce qu'ils détiennent tout le pouvoir, des idées d'égoïsme, d'absolutisme et de tyrannie ; la meilleure preuve de leur égoïsme et de leur tyrannie, c'est que de leurs actes se dégage cette formule : « Tout pour nous, rien pour les autres. »

Rien ne semble révoltant comme l'exclusivisme qui se pratique, quand une majorité, aveugle par passion, éloigne de tous débats, des idées saines qu'elle fait passer pour subversives.

Combien de dévouements loyaux, honnêtes et désintéressés ont été étouffés, parce qu'ils n'émanaient pas d'esprits appartenant à la coterie.

Pourquoi messieurs les républicains rouges, systématiquement, voulez-vous confondre toujours ces deux mots : adversaire et loyauté. Pourquoi un adversaire politique, qui est Français comme vous, n'aurait-il pas, comme vous-même, la voix au chapitre, et ne pourrait-il pas, comme vous-même, servir par la parole, son pays avec loyauté. Vous ne voyez, ou plutôt vous ne voulez voir, chez vos adversaires modérés, qu'une criminelle intention : « Étrangler la gueuse », et vous agitez sans cesse ce spectre pour vous donner, pour vous décerner à vous-même le brevet de sauveurs de la République.

C'est là, mauvaise besogne, dont souffre le pays tout entier, et qui ne sert qu'à retarder les progrès qu'on serait en droit d'attendre d'une administration moins sectaire et plus humaine.

DÉPUTÉ

La vie administrative d'un pays, la France, comme tout autre, est assurée, par la collaboration d'un certain nombre (colossal chez nous) de fonctionnaires, universellement connus sous le nom collectif de « M. le Bureau ». Toutes les situations les plus hautes sont occupées par des hommes de mérite ; ils ont eu pour arriver là, à vieillir d'abord, mais auparavant il leur a fallu faire preuve de connaissances spéciales, produire des diplômes, passer des examens ou subir des concours ; n'est pas gros fonctionnaire qui veut !

Pour être Député, c'est tout autre chose. En tant que fonctionnaire, car c'en est un en somme, le député fait exception à la règle.

La députation est accessible à tous, sans contrôle, sans examen, sans rien. Un casier judiciaire vierge est la première des conditions à remplir, c'est énorme déjà ; puis, il suffit d'avoir l'argent nécessaire pour payer son élection, ou seulement être soutenu par un comité électoral qui la paie (sous conditions bien entendu), il faut avoir aussi un peu de bagout, et vogue la galère, on arrive à la députation.

Et ce sont ces gens-là qui nous gouvernent, ce sont eux qui élaborent les lois !

Alors qu'un malheureux expéditionnaire dans un ministère ne peut obtenir son emploi qu'en exhibant un diplôme de bachelier, un individu qui n'a pas la première idée de ce qu'est l'Économie politique peut être d'emblée député : c'est inouï.

Quiconque n'a pas réussi dans ses propres

affaires, est obligé de se retirer du commerce et veut encore honorablement gagner sa vie (on les appelle les Honorables, je crois), se fait nommer député, et c'est tout.

C'est trop peu vraiment. Ne semble-t-il pas qu'une telle fonction, ne devrait être accessible qu'à ceux qui peuvent la remplir complètement!

La Chambre française n'aurait pas eu à compter parmi ses membres, l'homme Canon, l'homme à la blouse, Chauvin le coiffeur, l'ancien mineur, marchand de vin Basly, et tant d'autres qui ont été de parfaites honnêtes gens, mais qui n'étaient pas plus faits pour être députés, que gardiens de l'Obélisque. La preuve de leur indiscutable honorabilité, je la vois en ceci: Tous les députés n'ont pas la veine de voir les électeurs renouveler leurs mandats; alors qu'arrive-t-il : ceux qui ne sont pas réélus deviennent percepteurs, ou préfets, ou fonctionnaires ; on ne confierait évidemment pas de telles situations à des gens tarés!

Et c'est là une règle absolue; entre blackboulés d'hier ou de demain, on se rend ces petits services.

Remédier à tout cela paraît nécessaire, tous les députés y gagneraient en prestige et la France aussi.

SABOTAGE

Tout le monde aujourd'hui entend et comprend le mot « saboter » ; mais par un exclusivisme un peu excessif, on le limite à la malveillance de l'ouvrier qui exécute, intentionnellement mal, un travail à lui confié. Plus nombreux qu'on ne croit, sont les saboteurs.

L'instituteur qui, servilement, remplit son mandat, exécute ponctuellement son programme et se contente d'instruire l'enfant, sans chercher à l'éduquer, sous prétexte qu'il est déjà trop peu payé, cet instituteur est un saboteur.

Le député, qui sans y avoir été préparé, est appelé à faire des lois, qui les élabore, les discute et les vote, à la hâte, ne fussent-elles pas au point (ce qui arrive, dans l'unique but de ne pas reculer le départ en vacances), et qui s'en rapporte ou au Sénat ou au Conseil d'État, pour parachever sa besogne, celui-là aussi est un saboteur.

Des saboteurs, on en rencontre partout, chez les fonctionnaires, chez les employés, chez les militaires comme chez les civils.

Saboter, c'est ne pas faire, en toute conscience, un ouvrage ou un travail déterminé dont on s'est chargé. En un mot, saboter, c'est voler.

LES REVENDICATIONS DU PEUPLE

On blâme le peuple souvent pour l'exaltation qu'il met à exposer ses revendications.

Est-il si coupable? Non, le coupable, les coupables plutôt, car ils sont légion, ce sont les meneurs, ce sont les instigateurs de trouble, gens instruits pour la plupart, qui se servent de leur supériorité, de l'ascendant qu'ils ont su prendre sur le peuple ignorant, pour le duper par de fallacieuses promesses.

Quelle belle mission il y aurait à remplir pour un Jaurès par exemple qui a su capter la confiance du peuple, que de lui servir d'éducateur et d'user de l'influence qu'il a acquise, pour le conduire dans le droit chemin, pour lui apprendre ses devoirs, au lieu de lui ressasser ses droits irréalisables : pour lui inspirer des idées de bonté, de générosité, de droiture, au lieu de cultiver dans son âme les germes de haine et de discorde.

Pourquoi une voix n'a-t-elle jamais été assez puissante, assez éloquente, assez persuasive pour s'élever et faire entendre au peuple qu'il est et sera l'éternelle victime, l'éternelle dupe de ceux qui le flattent, dans l'unique but de se faire à eux-mêmes une crapuleuse et retentissante popularité.

ÉGALITÉ

Ce simple mot, mal compris, parce qu'il n'a jamais été expliqué au peuple dans le sens très large où il doit être entendu, est la cause de tous les dissentiments qui ont surgi entre les différentes classes de la société. Il a déchaîné jusqu'à des haines.

Pour le peuple, le riche est l'égal du pauvre; l'ouvrier, l'égal du bourgeois, peut-être même son supérieur, l'artisan l'égal de son patron.

Mais c'est une monstruosité que duper les gens comme on le fait; mais c'est une infamie que prostituer le mot d'égalité comme on s'est habitué à le faire. En politique, c'est dans un but intéressé qui ne trompe personne, parmi les gens qui réfléchissent et savent penser. En quoi un homme est-il l'égal d'un autre homme au point de vue strictement physique; uniquement en ce que tous deux ont un corps à peu près identique, une tête, un torse, deux bras, deux jambes; tous deux respirent, tous deux sentent, ils sont égaux; ce qui commence à les différencier, c'est le cerveau et le cœur: l'homme qui pense et qui s'émeut n'est pas l'égal de la brute qui s'avilit, l'homme sobre n'est pas l'égal de l'ivrogne, le voleur n'est pas l'égal de l'honnête homme.

Au point de vue des droits, de ces fameux Droits

de l'Homme, est-il équitable de les dispenser d'égale façon, au savant qui travaille et à l'ignorant entêté qui n'a pas voulu s'instruire, après les quarante années d'essai et de sacrifices que l'État, c'est-à-dire tout le monde, s'est imposé avec l'instruction obligatoire ?

L'égalité n'est qu'un mot : il n'a servi qu'à exciter l'envie, la jalousie, la haine, entre les différentes catégories qui, forcément, composent une société.

Le pauvre, sous prétexte qu'il est l'égal du riche, veut jouir, lui qui ne possède pas, des mêmes avantages que celui qui possède ; il lui faut un superflu qu'il n'acquiert qu'en s'endettant ; ses enfants seront vêtus aussi richement que les enfants riches.

Sans en avoir les moyens, il voyagera comme les riches, mangera, boira, jouira de la vie comme les riches : N'ai-je pas les mêmes droits que les riches, ne m'a-t-on pas appris ça à l'école ? Car c'est peut-être là, la seule chose que, sans la bien comprendre, il ait bien retenue.

Non, l'égalité n'existe pas et bien coupables sont ceux qui persévèrent à entretenir dans l'esprit du peuple, une idée fausse. Elle n'aura de chance de devenir une apparente réalité, que le jour où tous les hommes sauront que leurs droits seront toujours boiteux s'ils ne les appuient sur leurs devoirs.

DÉSARMÉE

C'est de l'administration, de l'administration de l'État que je parle, c'est d'elle, bien d'elle, que j'entends dire qu'elle est désarmée.

Elle est désarmée, parce que sous prétexte de liberté elle a donné imprudemment au peuple des armes pour la combattre, des fouets pour la fouetter.

Les Syndicats, les Fraternelles, les Amicales, etc., sont maintenant devenus autant d'organisations puissantes avec lesquelles, non seulement il faut compter, mais devant lesquelles tout pouvoir est obligé de se courber, devant lesquelles toute puissance est à l'avance vaincue.

Il n'y a plus aujourd'hui de maître qui puisse vaincre la force occulte représentée par une association, quelle qu'elle soit.

On a libéré le peuple, on lui a donné des droits pour pouvoir compter sur lui ; maintenant il faut compter avec lui : c'est lui le maître et il ne perd pas une occasion de le faire voir. Tous ses méfaits découverts ou divulgués, on les excuse ou on les couvre, pour répondre à un besoin de la politique.

Qu'un chef soi-disant responsable, qu'un directeur, qu'un galonné scrupuleux découvre une faute ou une fraude ou une injustice, et qu'il la divulgue, on lui impose silence et s'il insiste, on le blâme.

L'administration est désarmée devant la puissance du peuple aujourd'hui, Souverain.

A LA TRIBUNE

De toutes les inventions créées grâce à la science, secondée par l'industrie, je n'en connais pas de plus traître, que la photographie dite « instantanée ».

Q'avez-vous pensé, grands orateurs, grands parlementaires, grands ministres : Casimir-Périer, Thiers, Duruy, quand vous avez vu M. Clemenceau, premier ministre de la République française, prononcer un discours à une Tribune française, devant des Français... les mains dans ses poches.

C'est la photographie instantanée et indiscrète qui l'a dit : elle ne se trompe pas.

LA PATRIE

Il est à peine concevable que l'idée soit venue à certains esprits de poser cette question :

La patrie existe-t-elle ?

La réponse qui a été faite, lors de cette abracadabrante consultation, n'a surpris aucun de ceux qui vivent, qui sentent, qui pensent, qui vibrent.

Oui, la Patrie, l'idée de Patrie existe, existe partout, a toujours existé, existera toujours.

Elle est innée chez les individus et les preuves de son existence on les rencontre à toutes les époques de l'histoire, quand un pays menacé a eu besoin d'être défendu par ses habitants, par ses enfants.

Il faut être aveugle pour le nier, ou de mauvaise foi ou simplement, ce qui renferme tout, internationaliste.

L'idée de Patrie existe à un tel point, que, sans aller plus loin qu'en France (et ailleurs il doit en être de même) on est deux fois patriote : pour sa province qui est la petite patrie et pour la grande qui est la France.

Demandez leur avis aux Bretons, aux Auvergnats, aux Savoyards ! ce qui seul différencie les Méridionaux, c'est que leur petite patrie passe avant la grande; mais pour être patriotes, ils sont patriotes !

DÉMOCRATIE

Dans un pays comme la France, qui depuis bientôt un demi-siècle, a secoué, comme on dit, le joug des tyrans, qui depuis a fait ou laissé faire la démocratisation à outrance, qui exalte les principes de la République, où tous les monuments nous rappellent que nous vivons à une époque de Liberté, d'Égalité, de Fraternité ; ce n'est pas sans une certaine surprise, sans un certain malaise qu'on constate chaque jour combien grande est la contradiction entre la théorie et les faits.

C'est la société dans son ensemble, qui la fait cette contradiction ; chacun y coopère et tout le monde s'en plaint ; suivant que vous appartenez à telle ou telle classe, à telle ou telle catégorie dans la société, vous vous trouvez en lutte avec une autre classe ou une autre catégorie d'individus.

L'honnête homme ou le délinquant, ont une façon toute différente de comprendre la liberté ; la soi-disant égalité ne fait que susciter des jalousies, des haines ou des rancunes ; les apaches, les assassins ont une façon qui leur est tout à fait personnelle d'entendre la fraternité. Tous ces principes, merveilleux par eux-mêmes, ne sont donc dans l'application qu'une immense utopie.

En ce qui concerne l'Égalité, il est au moins bizarre de constater que, dans certains cas, ceux-là mêmes qui revendiquent pour tous l'application de ce principe, sont les premiers à s'en départir bénévolement.

Ils admettent, ils reconnaissent, ils tolèrent même

chez certains, une supériorité qu'ils croient réelle et qui pourtant n'est qu'illusoire.

Un député, par exemple, un sénateur (à tout autre moment cependant, que durant les périodes électorales), jouit dans sa vie, d'une considération très marquée et très spéciale. On dit avec une sorte de respect, en voyant un monsieur passer, portant de volumineux dossiers sous le bras : « C'est un député » et l'on s'incline.

Les notaires, les avoués, autre exemple, ne sont évidemment pas non plus de la même essence que les autres hommes : « C'est un notaire ! »

Les militaires eux, ont pour se distinguer du vulgaire mortel le prestige de l'uniforme ; on les respecte et, en général, on les aime.

Le public se départit donc vis-à-vis de ces différents personnages, de l'idée générale qu'il se fait de l'égalité et il consent à faire une exception, en leur faveur.

Mais, ce qui me semble choquant, c'est que, dans une société comme la nôtre, dans une République, ces messieurs, ces députés, ces sénateurs, ces notaires, ces avoués, ces militaires même, prennent leurs rôles trop au sérieux et, par leurs allures, montrent bien qu'ils s'imaginent que « c'est arrivé » ; ce n'est pas à eux, quand ils sont en fonctions, qu'il faudrait dire qu'ils sont les égaux des autres hommes. Ils plastronnent, ils font la roue, recherchent avidement les égards et les regards, et montrent une vanité très satisfaite quand ils sont bien convaincus de n'avoir pas été confondus avec M. Tout le Monde.

Il a fallu que vienne au pouvoir suprême un Président de la République intelligent et fier, dans la meilleure acception du terme, pour remettre les choses au point et donner à chacun l'exemple ; au puissant, l'exemple de la modestie et à tous, l'exemple du respect.

FONCTIONNAIRE

Quand on remplit des fonctions publiques, que ces fonctions obligent à des rapports constants avec le public, il est de toute nécessité, à défaut d'agréments personnels, d'avoir au moins pour soi le mérite de la tenue et de la politesse.

On le doit d'abord par devoir, et ceux qui ne s'en soucient pas, devraient le vouloir ou par calcul ou par intérêt.

Qui vous dit en effet, monsieur le fonctionnaire, monsieur le « Rond-de-cuir », qui savez par une longue expérience, qu'il y a une manière polie d'être grossier, qui vous dit qu'un jour, vous n'aurez pas stupidement brimé un monsieur plus fort que vous et qui, d'un mot, pourra vous attirer des désagréments ; qui vous dit aussi qu'avec une complaisance, une attention, ou simplement avec un peu d'aménité vous ne gagnerez pas les bonnes grâces de celui ou de celle qui peut vous servir. Il est en tous cas de toute urgence pour vous, de rester au moins correct; vous aurez ainsi la latitude de remettre à sa place celui, et le plus souvent celle, qui se croit autorisée à vous traiter comme un paria.

LES GARDIENS DE LA PAIX

Il n'est pas rare de lire dans les journaux, qu'une personne riche décédée, a laissé une somme importante à une œuvre. L'Assistance publique, l'Institut ont ainsi recueilli des millions. Les fonds n'ont pas toujours la complète destination qu'avait rêvé le testateur, mais il n'y faut pas regarder de trop près, et se contenter du bien relatif qu'on obtient.

L'eau va toujours à la rivière; on ne prête qu'aux riches: voilà deux proverbes dont semble s'inspirer ceux qui veulent faire du bien après leur mort, et qu'embarrasse le choix de l'œuvre qui doit bénéficier de leurs largesses.

Je m'étonne qu'il ne vienne pas, à plus de bienfaiteurs, l'idée de gratifier une pauvre caisse de secours telle que celle des gardiens de la paix.

Ces gens braves sont aussi de braves gens. Les exemples de leur dévouement ne sont plus à compter ; seulement l'esprit frondeur du Français en général et du Parisien en particulier, tend à ridiculiser, à malmener, à haïr même parfois ces modestes, héros qu'on appelle « des cognes ». Ils font là un métier pénible, ingrat et périlleux : dans l'organisation sociale, ils ont une attribution bien déterminée : défendre la société dans tous les dangers qu'elle peut courir et ils défendent la société au péril de leur vie, quand le service commande. Et ces hommes qui, souvent tombent victimes de leur dévouement accompli par devoir, ont des femmes qui restent veuves avec des orphelins insuffisamment secourus par la pension qu'on leur alloue. Pourquoi songe-t-on si peu à la caisse de secours des gardiens de la paix, qui, étant reconnue, est apte à recevoir des dons.

ÉROSTRATE

Tout le monde connaît Érostrate, au moins de nom. C'est ce fou, ce monomane qui incendia le temple d'Éphèse, une de sept merveilles du monde, dans l'unique but de faire passer son nom à la postérité, en 356 avant Jésus-Christ.

Combien d'Érostrate sont aujourd'hui oubliés. J'en connais un, dont le nom mérite doublement d'être retenu, car c'est un persévérant :

C'est M. Jules-Louis Breton, député du Cher.

C'est à cet obscur représentant du peuple en quête de notoriété, que nous devons d'avoir vu supprimer, en l'année 1907, sur la tranche des monnaies d'or, la vieille devise : « Dieu protège la France. »

J'ai dit que M. Breton était un persévérant ; il a dû en effet s'y reprendre à deux fois et à quelques années d'intervalle, pour faire accepter et voter par ses collègues la motion dont il était l'auteur.

Il ne comprend pas, dit-il d'abord en mars 1899, qu'on persévère dans la routine et qu'on continue à frapper des pièces de monnaies, portant cette mention grotesque [1] ! Le grotesque n'était sans doute pas assez évident en 1899, et la proposition de M. Breton fut repoussée.

On n'abandonne pas ainsi une idée quand on n'en a guère, et en décembre 1906, le sieur Jules-Louis Breton, député du Cher, eut la joie de convaincre ses collègues, si bien que les 5 janvier et 5 juin 1907 parurent deux décrets disant que : sur le rapport du ministre des Finances, M. Caillaux, les pièces de

1. *Journal officiel.*

20 francs, nouvellement frappées, porteraient désormais sur la tranche, les mots Liberté, Égalité, Fraternité.

Il eût été permis à certains députés de trouver l'idée grotesque et de le dire, mais, aucun ne prit cette liberté.

Dont acte.

ENCORE LA MONNAIE

Puisque nous parlons monnaie, pourquoi ne poserait-on pas une question aux ministres responsables de la mise en circulation de la monnaie de nickel.

La question a été déjà posée, je le sais, lors de la discussion, mais les adversaires de la loi ont été battùs, ce qui tendrait à faire croire qu'ils avaient raison et qu'ils avaient le seul tort d'être la minorité toujours impuissante.

Pourquoi, messieurs les députés, messieurs les sénateurs, messieurs les ministres de la troisième République, avez-vous donné un croc-en-jambe à la loi du 18 germinal an III, 7 avril 1795, en créant la pièce de nickel de 0 fr. 25? Vous avez commis là une petite infamie.

L'invention du système métrique est une des gloires de la France et il a été inventé par quelques monnaies françaises de 100 francs, 50 francs, et un de vos illustres ancêtres. Les dispositions prises pour son application étaient formelles, chacune des mesures décimales devait avoir son double et sa moitié. Parce qu'à cause de sa petite taille, on a été obligé de supprimer la petite piécette de 0 fr. 20 en argent et décimale celle-là, vous avez jugé bon, vous, de la remplacer par cette horrible pièce de 0 fr. 25 qui n'a ni poids, ni mesure, je puis même dire ni son décimal.

A quel intérêt avez-vous obéi ce jour-là? Car il y en a un; ou alors vous seriez sans excuse, même mauvaise.

REINES ET POTENTATS

Nous vivons en France à une époque de démocratisation à outrance.

Le mot, Dieu, n'avait déjà plus droit de cité; on ne laisse qu'à regret subsister au vocabulaire populaire les mots Roi, Reine, Empereur[1]; mais qui dit démocratisation dit illogisme. Il arrive en effet ceci, que semblant prendre à tâche de se mettre en contradiction avec eux-mêmes et leurs attitudes, nos bons gouvernants, nos excellents républicains, radicaux-socialistes, sont très friands du plat qui leur est servi, quand ils peuvent goûter à ce mets qu'ils

1. Quand on parle de la France, bien entendu, car...

trouvent exquis pour toutes sortes de raisons et qu'on appelle un Roi, un Empereur, et à plus forte raison une Reine.

Tous ces soi-disant dévoreurs de Dieu et de potentats se prosternent, quelquefois gauchement il est vrai, devant ces despotes qui les décorent.

A quoi bon vous défendre ; pourquoi faire les rodomonts ; mais c'est inné cela dans la race humaine en général et dans notre race française en particulier.

On a quand même conservé de vieilles attaches avec les anciens régimes disparus ; ceux-ci conserveront toujours dans le peuple leur ancien prestige, et lorsqu'on voudra distinguer quelque chose de supérieur ou soi-disant tel ; on dira toujours comme nous le voyons affiché sur tous les murs :

« Le Roi du Cinéma, la Reine des Lampes, la Reine des Eaux de table, etc., etc.

N'est-ce pas pour faire revivre une vieille tradition qui, quoi qu'on en dise, est profondément enracinée dans le cœur du peuple, que celui-ci, chaque année, nomme des reines qu'il va chercher dans les marchés. Et ces reines d'un jour, ces reines de mi-carême dont le plus grand mérite est d'être jolies, prennent leur rôle très au sérieux, se déguisent, jouent aux souveraines, se drapent dans de somptueux manteaux de cour, et vont quêter partout des hommages. Les plus farouches républicains paraissent très friands de ces distractions. D'aucuns ont dû prendre là, les façons et les formules à employer quand ils ont eu l'honneur de recevoir de véritables Souveraines.

UN NOUVEL IMPOT

On parle de mettre un impôt sur les célibataires. Il est à peine croyable que sous un régime de soi-disant liberté, une pareille idée ait pu germer dans l'esprit de nos gouvernants, et pourtant, chose plus incroyable encore, on trouvera des députés pour la défendre. La seule raison qu'on puisse invoquer, c'est le besoin d'argent, le manque de ressources pour couvrir toutes les dépenses de l'État. De même que la faim fait sortir le loup du bois, la misère fait sortir un ministre des Finances français des limites du bon sens.

On feint de laisser croire que l'idée dominante, c'est le souci de la dépopulation, que non pas! Il serait vraiment par trop naïf de croire remédier à ce mal, si mal il y a, par ce procédé, par cet expédient. Croyez-vous que le célibataire endurci et raisonnable n'aimera pas cent fois mieux payer un impôt, que de tomber dans le piège qu'est le mariage, de se mettre au cou le joug qu'est le mariage, de charger ses bras et ses épaules des chaînes que sont le mariage.

Prouvez au célibataire que le mariage est un bienfait et il se mariera, mais n'ayez pas la prétention de l'y pousser, de l'y contraindre en le menaçant d'un impôt.

Si vous êtes sincères, et loyaux, et désintéressés, messieurs les législateurs, trouvez un moyen, pour faire du mariage autre chose qu'un épouvantail, rendez-le accessible à tous, changez la mentalité des gens et faites-leur comprendre que dans le mariage la condition primordiale, c'est d'aimer. Les animaux poussés simplement par leur instinct, se poursuivent, se désirent, et s'accouplent.

Dans l'humanité, le désir qui doit aboutir à l'accouplement devrait être idéalisé par l'amour. Sans amour, pas de foyer solide ; pas d'union durable ; de la progéniture peut-être, mais pas des enfants. L'amour se rencontre plus souvent aujourd'hui en dehors, que dans le mariage, parce que l'amour ne connaît pas de règles, qu'il est indépendant, qu'il naît spontanément et qu'il ne saura jamais se courber à des lois.

Le mariage a consacré des unions que l'amour annule, et qui refleurissent ailleurs, hors des limites du convenu. C'est dans la liberté du choix, naissant d'une réciproque attirance, que l'amour trouve l'élément nécessaire à son complet développement, à son pur épanouissement.

Soyons sincères que diable ! bas les masques : quel homme, quelle femme, mariés, je ne dis pas tous, loin de là, car il y a les inertes, mais quel est celui ou celle, dont le cœur une fois a bondi, qui osera nier ses regrets, d'avoir à subir l'inexorable loi, de ne pouvoir réaliser ses espoirs et d'être contraint de continuer à vivre ses souffrances.

SONNET-POSTFACE

Ami lecteur, avant que de fermer ce livre,
Où j'ai mis des travers qui sont beaucoup les miens
Et quelques torts aussi que tu peux faire tiens,
Tas de vieux ennemis qui nous aident à vivre,

Sache que c'est à toi, grand juge, que je livre
Le sort de ces très longs, quoique courts entretiens.
Là sont bien des défauts, peccadilles, des riens
Dont il serait aisé souvent qu'on se délivre.

Ce pourrait être fait, si, femme, amante ou sœur,
Ces anges du foyer, archanges de douceur
Voulaient, abandonnant leurs torts et leurs manies

Nous aider; mais j'ai peur; je crois que l'avenir
Nous gardera longtemps toutes ces tyrannies.
La lutte est inégale et dure à soutenir.

TABLE

IMPRIMERIE JOUVE ET Cie, 15, RUE RACINE, PARIS — 2613-14.

BEAUX-ARTS

BIEZ (Jacques DE). — *E. Frémiet, son œuvre*; préface de Frédéric MASSON, de l'Académie Française, avec le catalogue complet de l'Œuvre de Frémiet, 1 vol. in-8 jésus, orné de 43 planches hors texte.......... 9 fr.

Ouvrage couronné par l'Académie française (Prix Charles Blanc) et honoré d'une souscription des Beaux-Arts.

GRIVEAU (Maurice). — *Pour la défense du paysage français.* Préface de Marcel BOULENGER. 1 vol. in-16, illustré.................. 2 fr.

MARTIN (William), directeur du Musée Royal de La Haye. — *Gérard Dou, sa vie et son œuvre.* Étude sur la peinture hollandaise et les marchands au XVIIe siècle, traduit du hollandais avec un avant-propos par Louis DIMIER, 1 vol. in-8 avec 16 phototypies hors texte, reliure anglaise........... 12 fr.

(Il a été tiré de cet ouvrage 30 exemplaires sur papier de Hollande Van Gelder numérotés, l'ex. 30 francs).

RHONÉ (Arthur). — *L'Égypte à Petites Journées, souvenirs du Caire d'autrefois,* 1 vol. in-8 jésus de 488 pages, avec 8 plans et 242 illustrations de Paul Chardin, G. Mauss, A. Dauzats, Ambroise Baudry et Jules Bourgoin, broché....... 25 fr.
Relié............ 30 fr.

HISTOIRE

SCHUERMANS (Albert). — *Itinéraire général de Napoléon Ier,* deuxième édition, préface par Henri HOUSSAYE, 1 vol. in-8 de 464 p. 7 fr. 50

Ouvrage couronné par l'Académie Française (prix Thérouanne).

PICARD (Col. L.). — *Les Guerres d'Espagne. Le Prologue. Expédition du Portugal, 1807,* 1 volume in-8 de 354 pages.. .... 5 fr.

— *Guerres d'Espagne* (1808). — *De Bayonne à Madrid. La Révolution d'Aranjuez.* 1 vol. in-8° raisin de 300 pages, illustré.............. 5 fr.

RÉGAMEY (Jeanne et Frédéric). — *L'Alsace au lendemain de la conquête.* — *L'Alsace après 1870.* 1 vol. in-18 de 400 pages. 3 fr. 50

(Ouvrage adopté par le ministère de l'Instruction publique et par la Ville de Paris.)

ROMANS

BERTHEM DE RIGNY. — *Ames de femmes,* contes 1 vol. in-18 broché de 350 pages. 3 fr. 50

BOURGEOIS (Abbé). — *Contes normands pour les jours de fête.* 1 vol. de 344 pages, 3e édition............. 3 fr.

FUYE (Maurice de la). — *Les Feuilles sur la route.* Histoires de Champagne et de Sologne. 1 vol. in-18 de 300 pages........... 3 fr. 50

DRAULT (Jean). — *Les Contes de l'étape.* 1 vol. in-18 de 212 pages, illustré.... 2 fr.

— *La Conspiration de Quillebœuf,* roman historique. 1 vol. in-8° de 168 pages, illustré............ 0 fr. 95

HAREL (Paul). — *Hobereaux et villageois.* — *Le Père Cyprien.* — *La Houppelande de M. le Curé.* — *Barbey d'Aurevilly.* — *Le Bécassier.* — *Au café.* — *La mort de M. Beaumesnil.* 1 vol. in-18 de 212 pages............ 3 fr.

L'HOPITAL (Joseph). — *La Dame verte.* 1 vol. in-18 de 232 pages............ 3 fr.

www.ingramcontent.com/pod-product-compliance
Ingram Content Group UK Ltd.
Pitfield, Milton Keynes, MK11 3LW, UK
UKHW020129220726
13923UKWH00001B/75

9 782016 150078